PEQUEÑO
GRAN
chef

Para Ruth
Sin tu ayuda este
libro no existiría

Marian Montoro

PEQUEÑO
GRAN
chef

64 recetas mediterráneas
saludables y divertidas
para niños y niñas

Ilustraciones de Mar Ferrero

APRENDE A COCINAR DIVIRTIÉNDOTE

¿Te animas a entrar en la cocina con mamá o papá para aprender a cocinar recetas divertidas y saludables? Descubre con este libro los principios de la cocina y algunos secretos, y disfruta preparando riquísimos platos.

¡Te invitamos a cocinar con nosotros!

VISITA EL MERCADO

Antes de meterse en la cocina hay que hacer la compra. Seguro que te gusta acompañar a los mayores a comprar y compartir con ellos un rato en el mercado o en el súper. Allí descubrirás nuevos alimentos y seguro que se te ocurren ideas para preparar nuevos platos.

Siempre que puedas, recuérdales a los mayores que es mejor ir al mercado, ya que los alimentos normalmente son más frescos. Sabemos que el supermercado también te gusta mucho, ya que hay de todo en un mismo espacio y puedes tocar muchas cosas. Eso sí, no olvides que en él hay mayor cantidad de productos procesados y, aunque también te gusten mucho, son menos sanos.

El mercado es un lugar lleno de colores y sobre todo de olores, eso es porque en sus

puestos los alimentos son frescos y de temporada. Así que cuando compres allí te llevarás a casa un alimento muy natural, saludable y sin conservantes ni colorantes.

Aunque no lo creas, antes no había naranjas o tomates todo el año. Solo podían comerse cuando los daba la tierra y el agricultor los recolectaba. Por eso los alimentos de temporada son más frescos, saludables y más baratos. Y también tienen mejor sabor. Las verduras y frutas, que suelen proceder directamente de los agricultores, tienen un sabor mucho más auténtico. A lo mejor son menos bonitas a la vista, pues sus formas son imperfectas y tienen poco brillo, pero eso es porque las han cultivado de forma más natural.

> Cocinar es una aventura que te llevará a descubrir lugares nuevos y sabores desconocidos. Si eres atrevido, incluso puede ayudarte a recorrer el mundo sin salir de la cocina de tu casa.

7

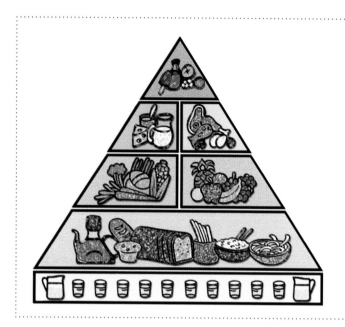

La pirámide nutricional

Para tener claros los alimentos necesarios en la dieta y en qué proporción hay que consumirlos, se dibuja la forma de una pirámide. En la base de esta se sitúa lo más importante, lo que realmente sustenta la dieta mediterránea: un estilo de vida activo y alimentos de temporada y locales. Arriba de todo, en la parte más estrecha, están aquellos que también deben formar parte de nuestra alimentación pero de forma ocasional.

DIETA MEDITERRÁNEA, UN TESORO

Seguro que has escuchado decir en el cole o en la tele que la dieta mediterránea es muy buena y una de las más completas y equilibradas que existen en el mundo. Pues es verdad.

¿Sabes por qué? La dieta mediterránea se caracteriza por la abundancia de alimentos de origen vegetal, como las verduras, hortalizas, legumbres, pan, pasta, arroz, frutas y frutos secos, que se sitúan en la parte más baja de la pirámide alimenticia. El uso del aceite de oliva –¿a que te encanta el pan con aceite?– como fuente principal de grasas es otra de sus características, también lo son el consumo de pescado, el marisco, las aves de corral, los productos lácteos (yogur, quesos), los huevos y las carnes rojas.

No es algo que se hayan inventado tus papis o tus profes. En la Grecia antigua, hace más de 2.000 años ya la conocían y la practicaban. Con el paso de los siglos se añadieron nuevos ingredientes que llegaban de diferentes lugares, como por ejemplo, el ajo, la cebolla y las espinacas, que trajeron los árabes; o la patata, el tomate, el maíz y el pimiento, que llegaron de América. Todos estos alimentos son los que forman parte de esta dieta y son importantes porque te ayu-

dan a estar más sano y fuerte, y como son tan variados comes de todo. Recuerda además que es importante que hagas un poquito de actividad física y no estés siempre sentado delante de la tele.

Ese "hay que comer bien" que te repiten en

casa y en el cole se traduce en platos de comida sencilla y deliciosa. La dieta mediterránea no solo consiste en comer ciertos alimentos, también en compartir esa comida saludable con la gente que quieres.

SIGUE ESTOS CONSEJOS

1. El aceite de oliva es tu mejor amigo para acompañar ensaladas, guisos, aperitivos... Es la mejor elección en la elaboración y preparación de todo tipo de platos.

2. Come muchos alimentos vegetales: frutas, verduras, hortalizas, legumbres y frutos secos. Recuerda que lo adecuado es consumir cinco raciones de fruta y verdura al día.

3. No te olvides de tomar pan, arroz, pasta y cereales a diario.

4. Aprovecha los alimentos frescos de tu región. Sobre todo en el caso de las frutas y verduras, podrás comerlas en su mejor momento.

5. Toma productos lácteos todos los días.

6. Come carne preferiblemente formando parte de platos de verduras y cereales.

7. Come mucho pescado (al menos debes tomarlo dos o tres veces por semana) y huevos (entre tres y cuatro a la semana).

8. La fruta debe ser tu postre habitual. Los dulces y pasteles hay que reservarlos para las ocasiones especiales.

9. No utilices sal en exceso y, si te gustan las comidas muy sabrosas, añade especias. Con ellas descubrirás nuevos sabores.

10. Si es posible hay que hacer cinco comidas al día. Las principales son: desayuno, comida, cena. Las dos complementarias han de tomarse a media mañana y a media tarde.

11. El agua es la bebida más refrescante y la más sana. No te olvides de beberla sobre todo en días de mucho calor.

12. Haz un poquito de ejercicio todos los días; es tan importante como comer bien, además de ser muy divertido.

PRODUCTOS SALUDABLES DE LA DIETA MEDITERRÁNEA

VERDURA	FRUTA	PESCADO	FRUTOS SECOS
Espárragos	Manzanas	Bacalao	Almendras
Zanahorias	Naranjas	Caballa	Pistachos
Cebollas	Peras	Salmón	Pipas de calabaza
Espinacas	Ciruelas	Sardinas	Pipas de girasol
Calabazas	Frambuesas	Atún	Nueces
Tomates	Arándanos	Trucha	Castañas
Pimientos rojos	Fresas	Almejas	Avellanas
Brócolis	Sandías	Lubina	Piñones
Coles	Granadas	Lenguado	Pasas
Judías verdes	Melones	Merluza	Orejones

ANTES DE COMENZAR A COCINAR...

Seguro que te encanta meterte en la cocina a preparar tus platos preferidos en compañía de los mayores y practicar todo lo que estás aprendiendo. Es divertido y además cuando lo tienes terminado siempre te dicen que está riquísimo y que te estás convirtiendo en un auténtico chef... Por eso te vamos a explicar una serie de normas para que puedas disfrutar con total seguridad de la cocina.

Sabemos que haces muchas cosas solo y bien, pero cuando cocines tendrás que estar siempre acompañado por un adulto que pueda supervisar lo que haces. Piensa que los cuchillos, el horno, las sartenes y ollas calientes... pueden causar accidentes.

PARA EMPEZAR, ORDEN Y LIMPIEZA

Antes de empezar a tocar alimentos y cocinar no olvides lavarte bien las manos con jabón; recogerte el pelo si lo tienes largo; y asegurarte de que las encimeras estén limpias.

Ten cerca un paño con el que poder limpiarte las manos mientras preparas el plato. Si es posible ve lavando los utensilios que

CUANDO ESTÉS TRABAJANDO EN LA COCINA...

1. Ten en cuenta que las sartenes y ollas mantienen el calor mucho tiempo, usa trapos o agarradores para tocarlos sin quemarte.

2. No te metas los dedos en la boca cuando hayas tocado pollo crudo o huevos sin cocinar, lávate en cuanto hayas acabado de trabajar con ellos.

3. Utiliza diferentes tablas para cortar pescado, carne y verduras o frutas.

4. Pide a un adulto que te ayude si no te sientes seguro en algún momento.

5. Desenchufa la picadora y la batidora mientras pones y retiras los ingredientes.

6. Mantente alejado de los hornos abiertos, las ollas que hierven y las sartenes que estén al fuego: en un descuido puedes llegar a quemarte.

utilizas para tener el fregadero limpio y vacío. Lava siempre la fruta y las verduras antes de usarlas y evita chuparte los dedos o llevarte las manos a la boca cuando estés preparando una receta que te guste mucho y te los hayas manchado. Tampoco olvides meter en la nevera las sobras de los alimentos que se puedan estropear después de usarlos.

¡Recuerda que los verdaderos chefs cumplen todas estas normas!

LO QUE NO PUEDES OLVIDAR

Cuando la receta requiera usar la cocina, el horno o el microondas tendrás que pedir a un adulto que te ayude. Pregunta qué utensilios pueden usarse, ya que algunos materiales no deben meterse en el micro o en el horno. Si vas a tocar algo caliente utiliza un paño o un agarrador, podrías quemarte. Es muy importante que todos los aparatos eléctricos estén lejos del agua para evitar descargas y no los toques con las manos mojadas.

También has de tener cuidado con los cuchillos; si no tienes demasiada práctica será mejor que un adulto te ayude a cortar los alimentos. Acuérdate de no dejar los objetos con punta o filo en el fregadero lleno de agua: al meter la mano para fregar podrías cortarte.

Cuando uses aparatos eléctricos ve con cuidado y desenchúfalos siempre antes de hacer alguna comprobación.

Las asas de las ollas y el mango de las sartenes sitúalos siempre hacia un lado, ya que si sobresalen mucho podrías darles un golpe sin querer y tirarlas. Recuerda sujetarlas fuerte cuando remuevas alimentos.

Asegúrate también de que las servilletas de papel, los paños de cocina y los agarradores están lejos del fuego para que no se quemen en un descuido. Si eres tú el que te quemas díselo a papá o mamá rápidamente y pon la parte que te hayas quemado bajo agua fría.

No se te ocurra echar nunca agua al fuego porque las llamas podrían hacerse más grandes. Si eso pasa, ¡pide ayuda a un adulto!

Cuando tengas los alimentos cocinados colócalos siempre en un plato limpio, no en uno que hayas usado antes y en el que hayas puesto alimentos crudos.

Al final, pide a los mayores que comprueben que el horno y los utensilios eléctricos están apagados antes de salir de la cocina.

Antes de empezar a cocinar organízate: agrupa los ingredientes y el material que necesitarás; lee muy bien la receta y comprueba si tienes el tiempo necesario para prepararla.

UNA MESA BIEN PUESTA

Ayudar a los mayores a poner la mesa puede ser divertido. ¿Sabes dónde se coloca el tenedor? ¿Y el vaso? Te lo vamos a explicar para que puedas sorprender a todos poniendo cada cosa en su lugar. El plato va en medio y si hay más de uno, el llano, que es más grande, va debajo del hondo. El tenedor siempre va a la izquierda del plato; la cuchara y el cuchillo, a la derecha. La servilleta puedes ponerla debajo o encima del plato y el vaso de agua va a la izquierda, como ves en la foto. Si quieres comportarte como el mejor de los camareros tendrás que servir los platos por la izquierda y retirarlos por la derecha.

¡NIÑOS A LA MESA!

¿A que más de una vez te han sorprendido masticando con la boca abierta o jugando con la comida? A lo mejor te has levantado antes de terminar de comer o te han dicho que no juegues con la silla... Sí, puede que los mayores a veces sean un poco pesados, pero cuando estás en la mesa hay unas normas que debes seguir como hacen los mayores. Si las aprendes ahora nunca te olvidarás de ellas y te servirán hasta cuando seas mayor.

RECUERDA LO QUE DEBES HACER

· Antes de sentarte a la mesa siempre tienes que lavarte las manos con jabón.

· Espera a que todos estén sentados a la mesa para comenzar a comer, o a que tus papás te digan que puedes empezar.

· Usa los cubiertos para comer y no las manos. Solo pueden usarse con algunos alimentos como las gambas, el pan, algunos embutidos o los canapés.

· Seguro que ya lo sabes pero aun así queremos recordártelo: tienes que comer con la boca cerrada.

· Sí, en las películas lo hacen, pero en casa o en los restaurantes no. No tires migas de pan a los que tienes al lado, no hay que jugar con la comida.

· Ten siempre cerca una servilleta para limpiarte las manos y la boca. Además te servirá para limpiarte antes de beber del vaso, así no se manchará.

· Chupar los cubiertos no está bien, y además si lames el cuchillo podrías llegar a cortarte con él.

· Ya sabemos que te gusta comer cómodo, pero no se pueden poner los codos sobre la mesa; con apoyar el antebrazo tendrás suficiente para sentirte a gusto.

· Aunque sabemos que algunas comidas son muy largas, intenta no moverte demasiado y jugar. Podrías caerte de la silla y hacerte mucho daño.

QUÉ ENCONTRARÁS EN ESTE LIBRO

LLÉVAME CONTIGO, SOY UN LIBRO ÚTIL

Este es un libro práctico, pensado para que te conviertas en un pequeño gran chef. Y también para que descubras los misterios de la cocina y compartas buenos y divertidos ratos con tus papis y amigos.

Con este libro aprenderás a elaborar recetas sencillas y sabrosas y te descubriremos algunos secretos gastronómicos. Podrás cocinar los platos de una manera práctica y divertida y así asombrar a todos. Lo que te explicamos también te servirá para familiarizarte con los ingredientes, alimentos y utensilios que se encuentran en casi todas las cocinas.

Te traemos 64 recetas, la mitad saladas y la otra mitad dulces, distribuidas en las cuatro estaciones para ayudarte a escoger los alimentos más adecuados de cada temporada. Además hemos incluido una lista de los alimentos que puedes encontrar en el mercado a lo largo de cada estación.

COCINAR Y MUCHO MÁS

Verás que todas las recetas van acompañadas de foto e incluyen el paso a paso. Las más sencillas son en tres pasos y las más

elaboradas se explican en cinco para que te quede más claro cómo prepararlas. También verás los utensilios que necesitarás, para cuántas personas es y el grado de dificultad de la receta, indicado con el símbolo 🍳. Puedes empezar por las fáciles y a medida que vayas practicando lánzate a por las más difíciles.

Al inicio de cada estación encontrarás una página con información divertida sobre algunos alimentos que seguro que te sorprenderá, los productos que puedes encontrar en el mercado, además de trucos y consejos para que disfrutes de la temporada.

Al final del libro encontrarás un apartado para que reconozcas todos los utensilios y accesorios que puedas necesitar, un diccionario para que sepas usar el vocabulario de los chefs y un test con el que medir tus conocimientos culinarios; cuando lo resuelvas sabrás si eres un chef con estrellas.

> Si tienes algún tipo de alergia alimentaria o intolerancia: algunas de las recetas propuestas permiten cambiar los alimentos que te proponemos por otros similares que sí puedas comer.

PRiMAVera

PRIMAVERA

¿QUÉ HAY EN LOS MERCADOS?

Verdura

Ajos tiernos. Están muy ricos revueltos con huevo.

Guisantes. Lo más divertido es sacarlos de las vainas.

Judías verdes. Ahora es cuando están más tiernas.

Fruta

Ciruelas. Tómalas solas o prepara postres con ellas.

Fresas. Una de las frutas preferidas por todos.

Nísperos. ¿No los has probado? Son dulces y ácidos.

Pescado

Atún. El pescado que tiene la carne más roja.

Raya. Son enormes pero de ella solo se comen las alas.

Merluza. Ya la conoces, ahora es cuando está más rica.

HABLA EN CASA COMO UN AUTÉNTICO CHEF

Amasar
Doblar y aplastar con las manos una masa de harina y otros ingredientes hasta que esté suave y elástica para hacer pan, coca, pizza...

Batir
Añadir aire a los huevos o la nata utilizando unas varillas, un tenedor o una batidora.

Ensartar
Pinchar trozos de carne, pescado o verduras en un palillo o una brocheta.

¿Qué es lo que más te gusta de la primavera?

Beverly, 6 años
Me encantan las fresas, así que cuando llega la primavera me pongo contenta porque puedo comer todas las que quiera. También me gusta mucho que ya no haga frío y poder salir sin abrigo.

Xavi, 5 años

Lo mejor es que todo se llena de flores y hay más animalitos. Mis padres compran guisantes frescos y me dejan desgranarlos a mí. Antes lo hacía solo pero ahora me ayuda mi hermanita Bet.

¿QUIERES SABER UN POCO MÁS?

Cómo derretir el chocolate superrápido en el microondas

Trocea una tableta y ponla en un cuenco, mételo en el microondas durante 1 minuto a máxima potencia, sácalo y remueve. Vuelve a meterlo en el micro en tandas de medio minuto removiendo cada vez que lo saques. Continúa hasta que solo queden algunos trocitos, y acaba de derretirlos removiendo.

Cómo saber si un bizcocho está cocido en su interior

La mejor manera de saber si un bizcocho está ya cocido es coger un palillo o una brocheta y pinchar con ella el centro: si al sacarlo sale limpio es que ya está listo, si sale húmedo es que todavía necesita unos minutos más de cocción. Recuerda no abrir el horno durante la primera media hora de cocción del bizcocho.

CUANDO COMIENCE A FLORECER EL CAMPO...

1. Pide que te lleven de visita a una granja para ver y dar de comer a los animales como ovejas, cerdos, gallinas... Podrás verlos de cerca y hasta tocar alguno.

2. Si el fin de semana va a ser soleado prepárate para el primer pícnic del año. Bastará con una ensalada, unos sándwiches y una manta para pasarlo muy bien.

3. ¿Has pensado alguna vez que podrías tener un huerto en casa? Ahora es el momento; en una jardinera planta tomateras cherry, judías verdes o incluso lechugas.

DATOS CURIOSOS

Leche

Seguro que cada día tomas leche de vaca en el desayuno, pero ¿sabías que en otros países se toman otros tipos de leche? Por ejemplo la de cabra y camella se usan para beber, y la de oveja y búfala se usan para hacer quesos y yogures.

Miel y jalea real

La miel la producen las abejas usando el néctar de las flores y es el alimento que les ayudará a pasar el invierno sin salir de la colmena. Además, con el polen que recogen, también preparan la jalea real, que es la comida ideal para criar a sus bebés.

Fresas y fresones

¡No los confundas! Aunque creas que son iguales, la fresa es más spequeña que el fresón, pero más dulce y sabrosa.

TABULÉ
CON PEPINO, PASAS Y MENTA

Ingredientes:

· 150 g de cuscús

· 150 ml de agua

· Sal y aceite de oliva

· 1 limón

· 150 g de tomatitos cherry

· 2 ramitas de menta

· 1 pepino pequeño

· 100 g de pasas

Dificultad 👨‍🍳 👨‍🍳 👨‍🍳

Para 4 personas

Necesitarás:

· Cuenco grande

· Exprimidor

SIGUE LOS PASOS:

1. Exprime el zumo del limón. Después pon el cuscús en un cuenco y añade agua caliente, sal, el zumo de limón y remueve. Deja que repose 10 minutos.

2. Lava los tomatitos y trocéalos por la mitad y luego en cuartos. Pela el pepino y córtalo en daditos. Lava las hojas de menta y pícalas en trozos pequeños.

3. Mezcla los tomatitos, el pepino, las pasas, la menta y el cuscús en un cuenco grande con un chorrito de aceite. Deja que se enfríe en la nevera antes de comer.

GUISANTES CON CHORIZO

Y HUEVOS AL PLATO

Ingredientes:

· 800 g de guisantes frescos

· Tomate frito

· 12 rodajitas de chorizo

· 4 huevos de gallina u 8 de
  huevos de codorniz

· Aceite de oliva y sal

· Orégano

Necesitarás:

· 4 recipientes que puedan ir
  al horno

Dificultad ♟ ♟ ♟

Para 4 personas

1. Empieza desgranando los guisantes: abre las vainas por la mitad y separa uno a uno los guisantes que haya en el interior.

2. Pon los guisantes en un cazo con agua salada, cuécelos durante 5 minutos y escúrrelos con un colador.

3. En un recipiente para horno pon tomate frito en la base, los guisantes, el chorizo, un huevo y un chorrito de aceite.

4. Cubre con papel de aluminio y hornea a 180 °C durante 5 minutos o hasta que el huevo esté a tu gusto.

Si quieres ahorrar tiempo y saltarte el primer paso usa guisantes congelados. Si los escoges en conserva, te ahorrarás los pasos 1 y 2.

POLLO REBOZADO
CON CEREALES

Ingredientes:

· 70 g de cereales

· 1 cucharadita de pimentón

· 1 cucharadita de comino en polvo

· Sal y aceite de oliva

· 2 huevos batidos

· 2 pechugas de pollo en trozos alargados

Necesitarás:

· Rodillo

· Bolsa de plástico con cierre

· Fuente de hornear

Dificultad 👨‍🍳👨‍🍳👨‍🍳

Para 4 personas

1. Pon los cereales, el pimentón y el comino y la sal en una bolsa y ciérrala. Tritura los cereales con el rodillo hasta que queden muy picados. Vierte en un plato llano.

2. Bate los huevos en un cuenco con unas varillas o un tenedor. Reboza la carne con el huevo batido y después con los cereales.

3. Pon la carne en la fuente de hornear engrasada con aceite. Precalienta el horno a 200 °C y hornea durante 5 minutos, da la vuelta a la carne y hornea 5 minutos más.

paso 1

paso 2

paso 3

Si te gusta probar sabores nuevos atrévete a usar especias distintas y típicas de otros países, como por ejemplo el curry de la India.

CESTITOS DE PASTA FILO

RELLENOS DE MAÍZ, GAMBAS Y AGUACATE

Dificultad 👨‍🍳👨‍🍳👨‍🍳   Para 4 cestitos

Ingredientes:

· 1 paquete de pasta filo

· Sal y aceite

· 2 aguacates

· El zumo de 1 limón

· 1 lata pequeña de maíz

· 150 g de gambas cocidas

Necesitarás:

· Pincel

· Molde metálico para
  6 magdalenas

1. Coge tres hojas de pasta filo juntas y corta 4 cuadrados de 10 x 10 cm: tienes que conseguir 12 cuadrados.

2. Pon un cuadrado en el hueco del molde, engrasado con aceite, dejando las puntas hacia fuera, y pinta con aceite.

3. Coloca otro encima y vuelve a pintar. Repite otra vez. Haz 4 cestitos de 3 hojas cada uno. Hornea 6 minutos a 180 ºC.

4. Pela los aguacates y hazlos puré con un tenedor. Escurre el maíz y añádelo junto con el zumo de limón al puré.

5. Pela y trocea las gambas, mezcla con el aguacate y rellena los cestitos. Sazona. Decora con una gamba entera.

ENSALADA DE PASTA
CON PIÑA, MANZANA Y SALSA ROSA

Ingredientes:

· 250 g de espirales de colores

· Un puñado de sal

· 3 rodajas de piña en almíbar

· 2 lonchas gruesas de
  jamón cocido

· 1 manzana

· 1 lata pequeña de maíz

· 50 g de mayonesa

· 1 cucharada de ketchup

Dificultad 👨‍🍳 👨‍🍳 👨‍🍳

Para 4 personas

Necesitarás:

· Cazo para hervir la pasta

· Escurridor

SIGUE LOS PASOS:

1. Cuece la pasta en agua salada abundante
siguiendo las instrucciones del envase: cada
fabricante y cada tipo de pasta necesitan un
tiempo de cocción diferente.

2. Escúrrela cuando esté a punto y cuando se
enfríe ponla en una ensaladera. Trocea la
piña, el jamón cocido y la manzana. Escurre
el maíz y mezcla todos los ingredientes.

3. Pon en un cuenco pequeño la mayonesa, el
ketchup y dos cucharadas del almíbar de la
piña. Añade la salsa a la ensalada y mezcla.
Deja que se enfríe en la nevera.

La pasta es para el cocinero como el lienzo en blanco para el pintor: puedes añadir lo que te apetezca y preparar siempre cosas distintas.

SÁNDWICH DE PESCADO
CON TOMATE, LECHUGA Y PEPINO

Ingredientes:

· 4 rebanadas de pan de
  molde para el rebozado

· 1 huevo

· Sal y aceite

· 4 trozos de panga

· Lechuga

· 2 tomates

· Medio pepino

· 8 rebanadas de pan de
  molde para el sándwich

Necesitarás:

· Picadora

Dificultad 👨‍🍳 👨‍🍳 👨‍🍳

Para 4 personas

1. Tritura el pan de molde con la picadora hasta que consigas unas migas esponjosas. Hazlo por tandas para que no queden apelmazadas.

2. Bate el huevo y una pizca de sal en un cuenco grande con unas varillas y reboza el pescado por los dos lados.

3. Rebózalo después con el pan de molde y ponlo en una bandeja de horno engrasada. Hornéalo 5 minutos a 200 °C.

4. Sobre una rebanada de pan pon la lechuga y el pescado, acaba con el pepino y el tomate en rodajas.

Si quieres que el sándwich esté más jugoso puedes añadir un poco de salsa mayonesa o salsa tártara.

BROCHETAS DE CARNE PICADA
CON PAN DE PITA Y TOMATITOS

Ingredientes:

· 500 g de carne picada

· 1 cucharadita de comino en polvo

· 1 cucharadita de pimentón dulce

· 3 ramitas de perejil o de cilantro (lo que más te guste)

· 4 panes de pita

· Tomatitos cherry

Necesitarás:

· Brochetas

· Fuente de hornear

Dificultad 👨‍🍳👨‍🍳👨‍🍳

Para 4 personas

1. Pica el perejil o el cilantro muy finito. Mézclalo con el comino, el pimentón y la carne. Mezcla bien y deja que se enfríe 15 minutos en la nevera.

2. Si usas brochetas de madera, sumérgelas en agua unos minutos para que no les afecte demasiado el calor del horno y puedan llegar a quemarse.

3. Haz bolas con la carne y pincha dos en cada palillo. Hornea 10 minutos a 200 ºC. Humedece un poco el pan de pita y mételo en el horno los últimos 5 minutos.

paso 1

paso 2

paso 3

Está muy rico con salsa de yogur con menta pero si quieres puedes acompañarlo de tu salsa favorita.

COCA DE SALCHICHAS
CON TOMATE Y CEBOLLA

Ingredientes:

· 250 ml de leche

· 10 g de levadura de panadero

· 1 cucharadita de sal

· 400 g de harina

· 30 g de aceite

· 50 g de tomate frito

· 3 tomates

· 1 cebolla cortada finita

· 8 salchichas

· Una pizca de sal

Necesitarás:

· Rodillo

· Papel de horno y film

Dificultad ♟♟♟   Para 4 cocas

1. Calienta un poco la leche y disuelve en ella la levadura de panadero. Añade la sal y remueve para que se mezcle.

2. Pon la harina, la leche y el aceite en un cuenco y amasa. Si se queda pegada a las manos añade más harina.

3. Cubre el cuenco con papel film y deja que repose 1 hora. Después extiéndela sobre un papel de horno.

4. Pon un poco de tomate frito encima y reparte el tomate y la cebolla cortados finos y unos trozos de salchicha.

5. Vierte un chorrito de aceite y una pizca de sal y hornéalo 40 minutos a 180 °C hasta que la masa esté dorada.

Las cocas están hechas con una masa similar a la pizza pero son más gruesas y esponjosas.

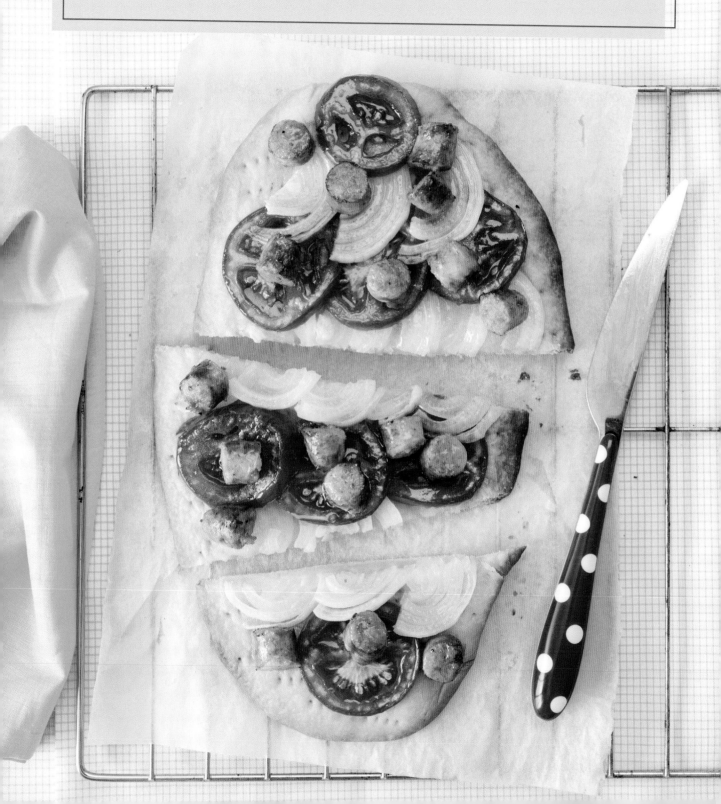

TARTA DE QUESO
CON MERMELADA DE FRAMBUESA

Ingredientes:

· 3 huevos

· 8 quesitos

· 100 g de maicena

· 3 yogures naturales

· 100 g de azúcar

· ½ sobre de levadura (8 g)

· Caramelo líquido

· Mermelada de frambuesa

Dificultad 👨‍🍳👨‍🍳👨‍🍳

Para 8 personas

Necesitarás:

· Batidora

· Molde de silicona de 20 cm

  mínimo y bordes altos

SIGUE LOS PASOS:

1. En un cuenco grande pon los huevos, los quesitos, la maicena, los yogures, el azúcar y la levadura y mezcla con una batidora hasta que quede muy fino.

2. En un molde de silicona de paredes altas pon tres o cuatro cucharadas de caramelo líquido para cubrir el fondo. Después vierte la mezcla con cuidado en el molde.

3. Cocina en el micro 7 minutos a máxima potencia. Si al pinchar con un palillo sale limpio estará listo. Si no es así, dale medio minuto más. Cuando se enfríe cúbrelo con mermelada.

Si lo prefieres puedes cambiar la mermelada por fruta fresca. La piña, el kiwi y las fresas están riquísimas con esta tarta de queso.

BEIGNETS DE PLÁTANO
(TORTITAS DE PLATANO CON MIEL)

Ingredientes:

· 1 plátano maduro

· 75 ml de leche

· 1 huevo

· 1 pizca de sal

· 25 g de azúcar

· 125 g de harina

· 1 cucharadita de levadura

· Aceite

Necesitarás:

· Batidora

· Sartén

Dificultad 👨‍🍳👨‍🍳👨‍🍳

Para 20 tortitas

1. Pela el plátano, trocéalo y tritúralo junto con la leche, el huevo y el azúcar. Añade la mitad de la harina y bate hasta que esté bien mezclado.

2. Añade el resto de la harina, la levadura y la sal y vuelve a batir hasta que consigas una pasta muy fina.

3. Unta la sartén con aceite y caliéntala a fuego medio. Pon una cucharada y deja que se haga por uno de los lados.

4. Dale la vuelta con una espátula y deja hacer por el otro lado. Tienen que quedar dorados por los dos lados.

Cuando los sirvas puedes decorar el plato con trocitos de plátano o la fruta que más te guste y un chorrito de miel.

MOUSSE DE CHOCOLATE
CON BOLITAS DE COLORES

Ingredientes:

· 150 g de chocolate
  negro
· 400 ml de nata para
  montar muy fría

· Mini bolitas de colores
  para decorar

Necesitarás:

· Batidora de varillas
· Cuenco grande
· 6 vasitos

Dificultad 👨‍🍳 👨‍🍳 👨‍🍳

Para 6 personas

1. Trocea el chocolate en trozos no muy grandes, ponlos en un cuenco y derrítelos en el microondas. Te explicamos cómo hacerlo en la página 17 del libro.

2. Monta la nata en un cuenco grande con la batidora de varillas. La nata es fácil de montar si está muy fría, y si además el cuenco también lo está, es más rápido.

3. Mezcla el chocolate frío con la nata. Bate de nuevo con la batidora. Reparte en los vasitos y deja enfriar en la nevera. Antes de servir decora con las bolitas de colores.

paso 1

paso 2

paso 3

Montar la nata no es complicado; solo tienes que recordar que cuanto más fría menos tiempo tardarás.

TIRAMISÚ
DE FRESAS Y CHOCOLATE

Ingredientes:

· 150 ml de leche

· 3 cucharadas de cacao
  soluble

· 10 soletillas

· 300 g de mascarpone

· Virutas de chocolate

· 300 g de fresas

· 2 cucharadas de azúcar

· Cacao soluble para
  espolvorear

Necesitarás:

· Recipiente de paredes altas

Dificultad 👨‍🍳👨‍🍳👨‍🍳   Para 6 personas

1. Mezcla la leche y 3 cucharadas de cacao, vierte en una
fuente y empapa las soletillas,
escurriendo el exceso de leche.

2. En un recipiente profundo
coloca una base de soletillas
empapadas. Intenta que queden muy pegadas entre ellas.

3. Encima extiende una capa
de mascarpone, puedes
mezclarlo con un poco de
agua para hacerlo más ligero.

4. Corta las fresas en trozos
pequeños y mezcla con el
azúcar. Coloca una capa de
virutas y después la fruta.

5. Pon otra capa de bizcocho
y otra de queso. Deja reposar
en la nevera. Antes de servir
espolvorea con cacao.

BATIDO DE FRESAS
Y PLATANO

Ingredientes:

· 500 g de fresas

· 2 plátanos

· 600 ml de leche

· 80 g de azúcar moreno

· Nata para acompañar

Dificultad ♟ ♟ ♟

Para **4** personas

Necesitarás:

· Batidora

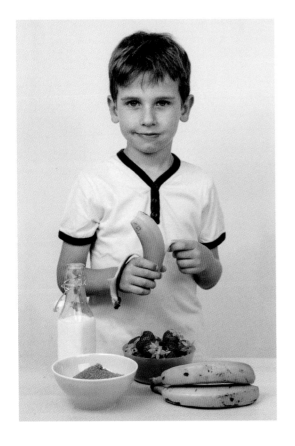

SIGUE LOS PASOS:

1. Para empezar lava bien las fresas. Con un cuchillo pequeño quítales el rabito y corta cada una de ellas en cuatro trozos.

2. Pela los plátanos y córtalos en trozos medianos. Ponlos junto a las fresas en el vaso de la batidora.

3. Añade la leche y el azúcar. Tritura hasta conseguir un batido cremoso. Puedes acompañarlo de un poco de nata montada.

Deja volar la imaginación y prepara batidos con tus frutas favoritas. Si lo prefieres también puedes hacerlos con helado.

GALLETAS DE NATA
CON AZÚCAR Y CANELA

Ingredientes:

· 250 g de harina
· ¼ de sobre de levadura
· 1 pizca de sal
· 75 ml de nata líquida para
  montar
· 75 g de azúcar
· 1 yema de huevo
· Azúcar y canela para
  decorar

Dificultad 👨‍🍳 👨‍🍳 👨‍🍳

Para 8 personas

Necesitarás:

· Rodillo
· Cortadores de diferentes
  formas
· Cuendo grande
· Papel film
· Papel de horno

1. Pon todos los ingredientes en un cuenco grande y mézclalos hasta conseguir una masa fina. Si se pega a las manos añade un poco más de harina.

2. Haz una bola con la masa, envuélvela en papel film y deja en la nevera durante 1 hora para que endurezca.

3. Extiende la masa con el rodillo hasta conseguir medio centímetro. Para estirarla ponla entre papel de horno.

4. Córtala con los cortadores y ponlas sobre papel de horno, espolvorea con azúcar y canela y hornea 12 minutos a 180 ºC.

No seas impaciente, recuerda que tienes que dejar enfriar las galletas sobre una rejilla antes de comerlas.

REFRESCOS DE NARANJA,
LIMÓN Y FRESAS

Ingredientes:

· 1 kg de naranjas

· 1 limón

· 200 g de fresas

· 400 ml de agua

· 1 limón y una naranja cortados en rodajas para decorar

Necesitarás:

· Botella de boca ancha, una jarra o un tarro de 1 litro

· Exprimidor

· Batidora

Dificultad 👨‍🍳 👨‍🍳 👨‍🍳

Para 4 personas

1. Exprime el zumo de las naranjas y de un limón. Viértelo en una jarra grande y añade el agua. Remueve para mezclar los sabores.

2. Tritura las fresas con una batidora y añádelas al zumo. Prueba el refresco, y si te gusta más dulce pon un poco de azúcar.

3. Pon las rodajas de naranja y limón dentro de la jarra. Añade el agua y el zumo y deja enfriar en la nevera 2 horas. Sirve con hielo.

paso 1

paso 2

paso 3

La bebida más refrescante en verano es el zumo de fruta. Prueba con otras combinaciones, como manzana, zanahoria y naranja.

BIZCOCHO CON NATA,
FRESAS Y NECTARINAS

Ingredientes:

· 4 huevos

· 200 g de azúcar

· 150 g de aceite

· Esencia de vainilla

· 200 g de harina

· ½ sobre de levadura (8 g)

· Fresas y nectarinas

· 200 ml de nata para montar

Necesitarás:

· Batidora de varillas

· Molde de bizcocho redondo
  de unos 22 cm de diámetro

Dificultad ♟♟♟   Para 8-10 personas

1. Bate los huevos con el azúcar hasta conseguir espuma. Añade el aceite y la vainilla y bate de nuevo.

2. Añade la harina y la levadura tamizadas. Sigue batiendo hasta que la harina esté integrada y no haya grumos.

3. Engrasa el molde como te explicamos en la página 125. Vierte la mezcla y hornea a 180 °C unos 30 minutos.

4. Pela y trocea las nectarinas. Lava las fresas y trocéalas. Si lo prefieres puedes dejarlas enteras.

5. Monta la nata con una batidora de varillas. Tiene que estar muy fría. Decora el bizcocho con la nata y la fruta.

Puedes sustituir la nectarina y las fresas por otras frutas, como albaricoque, pera o cerezas. Y también cambiar la nata por chocolate.

Verano

¿QUÉ HAY EN LOS MERCADOS?

Verdura

Berenjenas. Muy usadas en todo el Mediterráneo.

Calabacines. ¿Sabías que también se comen sus flores?

Pepinos. No pueden faltar en las ensaladas de verano.

Fruta

Melocotones. Deliciosos hasta el final de la estación.

Cerezas. Pequeñas y dulces, no podrás dejar de comerlas.

Sandías. La más refrescante de las frutas del verano.

Pescado

Sardina. Viven en grandes bancos en todos los mares.

Bonito. Un pescado azul de lo más saludable.

Calamar. Cambia el color de su piel cuando quiere.

HABLA EN CASA COMO UN AUTÉNTICO CHEF

Marinar

Poner carne o pescado en una mezcla de líquidos y especias para que absorban los sabores, se ablanden y se conserven más tiempo.

Aliñar

Añadir a una ensalada aceite, vinagre, sal, pimienta y otras especias para dar sabor.

Empanar

Rebozar la carne o el pescado primero en huevo y después en pan rallado para después freírlo.

¿Qué es lo que más te gusta del verano?

Ruth, 10 años
Lo que más me gusta del verano es poder comer polos y granizados de limón, y cuando nos vamos a la playa bucear con las gafas, el tubo y las aletas para ver los peces.

Oliver, 4 años

Lo mejor del verano es que se acaba el cole y ya no hay que madrugar. Los días son muy largos y puedo estar mucho más tiempo jugando con mi hermano mayor.

¿QUIERES SABER UN POCO MAS?

¿Cómo hacer mayonesa con la batidora?

Pon un huevo en el vaso, añade una pizca de sal y mete la batidora. Antes de batir cubre el huevo y el pie de la batidora con el aceite, comienza a batir sin mover la batidora y cuando haya pasado medio minuto añade aceite poco a poco. Podrás comenzar a moverla cuando espese.

¿Cómo saber si las patatas ya están cocidas?

Una manera muy sencilla de saber si las patatas que se están cociendo están listas, es pinchar una en el centro con la punta de un cuchillo. Si entra con facilidad y al sacarlo la patata se suelta sin mucha resistencia, es que ya están cocidas. Solo faltará escurrirlas y comerlas.

CUANDO LLEGUE EL CALOR...

1. Aprovecha que las noches son cálidas para preparar un pícnic nocturno en la playa. Solo tendrás que compartir la arena y el agua con los pescadores.

2. Si estás lejos de la playa, recréala en casa: llena la bañera de agua fresquita, pon tu música preferida y prepárate un refresco con hielo. No habrá un lugar mejor.

3. Haz una excursión a algún lugar alejado de tu ciudad o pueblo y espera a que se haga de noche: podrás ver millones de estrellas en el cielo y también la Vía Láctea.

DATOS CURIOSOS

Helado

Hace más de 2000 años que las personas comen helados. Empezaron en la antigua Persia, pero en Italia comenzaron a prepararse como los conocemos ahora. Hay sabores tan raros como el de beicon, de pescado o de fabada. ¿Cuál es tu favorito?

Salmón

El salmón nace en los ríos pero cuando ha crecido un poco y se ha hecho fuerte se va a vivir al mar. Cuando pasan unos años vuelve al mismo río donde nació a tener sus crías. De camino sortea saltos de agua, remolinos y todo tipo de obstáculos.

TOMATE

¿Sabías que es originario de América? Cuando llegó a Europa les pareció tan raro que creían que podía ser venenoso.

BRUSCHETTA
DE TOMATITOS CHERRY DE COLORES

Ingredientes:

· 4 rebanadas de pan

· 1 diente de ajo

· 300 g de tomates cherry
  de colores

· Aceite de oliva y sal

· Unas hojas de albahaca

Dificultad 👨‍🍳 👨‍🍳 👨‍🍳

Para 4 personas

Necesitarás:

· Tostadora

· Fuente para servir

SIGUE LOS PASOS:

1. Tuesta las rebanadas de pan en la tostadora. Cuando estén listas y se hayan enfriado, úntalas con ajo. La cantidad de ajo dependerá de lo que a ti te guste.

2. Lava los tomatitos con agua y sécalos con un trapo o un papel absorbente. Con cuidado, pártelos por la mitad o en cuartos y ponlos en un cuenco con aceite de oliva y sal.

3. Reparte los trozos de tomatito entre las cuatro tostadas, intentando que a todos les toquen diferentes colores. Echa un poquito de sal y aceite y decora con unas hojas de albahaca.

Esta es una receta muy conocida en Italia; allí usan tomates rojos pero si tú consigues tomatitos de varios colores será más divertida.

ROLLITOS DE PESCADO
CON ZANAHORIAS, CALABACÍN Y JUDÍAS VERDES

Ingredientes:

· 1 zanahoria

· 50 g de judías verdes

· ½ calabacín

· 4 filetes de gallo partidos
  a lo largo, tendrás 8 tiras
  de pescado

· Aceite de oliva y sal

Dificultad 👨‍🍳👨‍🍳👨‍🍳

Para 8 rollitos

Necesitarás:

· Fuente para el microondas

· Papel film para microondas

· Palillos

· Fuente de hornear

· Pelador

1. Pela la zanahoria con un pelador. Lava las judías verdes y el calabacín. Con mucho cuidado corta las verduras en palitos finos y sálalas.

2. Ponlas en una fuente para microondas, añade un chorrito de agua, cubre con papel film y cuece en el micro 2 minutos.

3. Una vez frío, coge un puñadito de verduras y colócalas sobre el pescado con la piel hacia arriba y enróllalo.

4. Sálalos y pínchalos con un palillo, colócalos en una fuente de horno y píntalos con aceite. Hornéalos 5 minutos a 180 °C.

Puede que te cueste un poco clavar el palillo, es por la piel del pescado, que es dura. Si lo giras a la vez que aprietas será más fácil.

SALMOREJO
CON HUEVO PICADO Y JAMÓN

Ingredientes:

· 800 g de tomates

· 20 g de miga de pan

· 1 cucharada de vinagre

· 4 cucharadas de agua

· 8 cucharadas de aceite

· 2 huevos cocidos

· Trocitos de jamón

· Una pizca de sal

Necesitarás:

· Pelador

· Batidora

Dificultad 👨‍🍳 👨‍🍳 👨‍🍳

Para 4 personas

1. Pela los tomates con un pelador y trocéalos. Si quieres puedes meterlos en agua hirviendo durante 1 minuto para que se despegue la piel, así será más fácil.

2. Humedece la miga de pan con un poquito de agua, la sal y el vinagre. Vigila no echar demasiada agua, solo ha de quedar mojado sin que el pan llegue a deshacerse.

3. Tritura todos los ingredientes con la batidora. Si quieres que quede más líquido añade más agua. Al servir, reparte encima huevo cocido picado y trocitos de jamón.

paso 1

paso 2

paso 3

Este plato típicamente español es muy parecido al conocido gazpacho, y se prepara mucho en verano porque es muy refrescante.

PINCHOS DE BERENJENA
RELLENOS DE PIMIENTO, JAMÓN Y QUESO

Dificultad 👨‍🍳👨‍🍳👨‍🍳　　Para 8-10 pinchitos

Ingredientes:

· 2 berenjenas

· 1 pimiento rojo

· 3 lonchas de jamón cocido

· 4 lonchas de queso tierno

· Aceite de oliva

Necesitarás:

· Palillos

1. Corta las berenjenas en láminas no muy gruesas a lo largo y el pimiento a tiras de tres dedos de ancho.

2. Cocina las verduras en el micro durante 2 minutos. Corta el jamón y el queso más grandes que el pimiento.

3. Sobre la berenjena coloca un trozo de jamón cocido, uno de queso y uno de pimiento, en este orden.

4. Haz un rollito con la berenjena y pincha con un palillo para que todo quede bien apretado.

5. Pinta los rollitos de berenjena con un poco de aceite y hornéalas, a 200 °C, durante unos 10 minutos.

Si te gustan los sabores fuertes sustituye el jamón cocido por serrano. Conseguirás dar un sabor salado e intenso a tu rollito.

POLLO ASADO
CON PATATAS Y CEBOLLA

Ingredientes:

· 1 pollo

· Sal

· 1 cucharada de pimentón

· 1 cucharada de tomillo

· 1 cucharada de romero

· Aceite de oliva

· 3 patatas

· 2 cebollas

Dificultad 👨‍🍳👨‍🍳👨‍🍳

Para 4 Personas

Necesitarás:

· Fuente de hornear

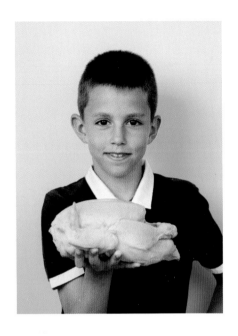

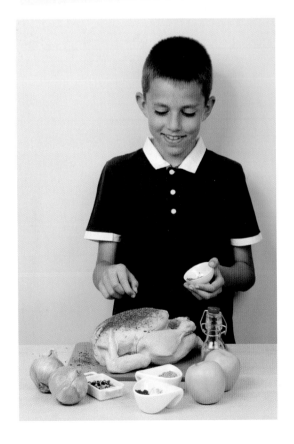

SIGUE LOS PASOS:

1. Empieza sazonando el pollo con sal y con el resto de especias. Después, colócalo en una fuente de hornear engrasada.

2. Corta las patatas en trozos no demasiado pequeños y parte las cebollas en gajos. Ponlas en la fuente junto al pollo.

3. Vierte aceite de oliva sobre el pollo y las verduras. Seguidamente hornea, durante 1 hora 30 minutos, a unos 180 °C.

Puedes cambiar la guarnición por manzanas, ciruelas pasas o tus verduras preferidas... Estará igual de delicioso y a tu gusto.

PASTEL DE PATATAS
CON ATÚN, HUEVOS Y SALSA VERDE

Ingredientes:

· 3 huevos

· 5 patatas no demasiado grandes

· 2 latas pequeñas de atún en aceite

· 1 huevo

· Aceite de girasol para la mayonesa

· 4 ramitas de perejil

Necesitarás:

· Batidora

Dificultad ♟♟♟

Para **4** personas

1. Empieza por cocer tres huevos durante 10 minutos. Después puedes pelarlos, pero antes no olvides pasarlos por agua fría para enfriarlos.

2. Cuece las patatas; para saber si están listas mira la página 53. Trocea el huevo y las patatas a láminas.

3. Pon una capa de patatas, coloca encima los huevos y el atún. Pon otra capa de patatas y encima otra de huevo.

4. Haz una mayonesa como explicamos en la página 53. Añade el perejil y tritura. Cubre el pastel con la salsa.

Si quieres que esta receta sea más refrescante, prueba a añadir al pastel una capa de tomates. Está riquísimo.

ENSALADA DE FRESAS

CON ESPINACAS, PIPAS Y QUESO FRESCO

Ingredientes:

· 200 g de espinacas
  frescas
· 150 g de fresas
· 150 g de queso fresco

· Pipas de girasol peladas
· Para el aliño: aceite de
  oliva, una cucharada de
  miel, vinagre y sal

Necesitarás:

· Colador
· Ensaladera

Dificultad 👨‍🍳👨‍🍳👨‍🍳

Para 4 personas

1. Coge primero las espinacas y lávalas muy bien. Después, si ves que son muy grandes, trocéalas en trozos más pequeños.

2. Corta las fresas y el queso en dados pequeños y mezcla todo con las espinacas. Añade un puñadito de pipas peladas.

3. Pon todos los ingredientes del aliño en un tarro, tápalo y agita. A continuación, échalo sobre el resto de los ingredientes.

paso 1

paso 2

paso 3

BROCHETAS DE ATÚN
CON TOMATITOS Y CALABACÍN

Dificultad 👨‍🍳 👨‍🍳 👨‍🍳   Para 4 Personas

Ingredientes:

· 2 rodajas grandes de atún

· 150 ml de vinagre

· 50 ml de agua

· Tomates cherry

· 1 calabacín

· Oregano

· Mayonesa

· 1 tomate pequeño

Necesitarás:

· Brochetas de madera

· Batidora

1. Corta el atún en dados grandes, ponlo en un cuenco con el vinagre y el agua, deja marinar al menos 30 minutos.

2. Mientras el atún se está marinando, corta el calabacín en medias lunas y lava los tomates cherry.

3. Inserta en las brochetas una pieza de cada y repite. Hornea 5 minutos a 180 ºC o cuécelos a la parrilla.

4. Pela el tomate, retira todas las pepitas y tritúralo junto con una pizca de orégano hasta hacer un puré.

5. Mezcla la mayonesa con el puré de tomate. Cuando sirvas las brochetas acompáñalas con esta salsa.

Cuanto más tierno esté el atún, más bueno está: no lo dejes cocer demasiado, este pescado con unos minutos tiene suficiente.

BROCHETAS DE FRUTA
CON SALSA DE YOGUR Y FRESAS

Ingredientes:

· 1 rodajas de piña
· 1 rodaja de sandía
· 1 rodaja de melón
· 2 yogures
· 2 cucharadas de miel
· 6 fresas

Dificultad 👨‍🍳👨‍🍳👨‍🍳

Para 4 brochetas

Necesitarás:

· Cortadores de galletas
  pequeños con formas
· Palillos para las brochetas
· Batidora

SIGUE LOS PASOS:

1. Pide a una persona mayor que te corte las rodajas de la piña, la sandía y el melón. De cada una de ellas tendrás que cortar al menos 4 trozos con los cortadores.

2. Una vez tengas la fruta cortada con diferentes formas, pínchala en las brochetas alternando las frutas para que haya variedad de sabores y colores.

3. Cuando tengas preparadas las brochetas, tritura las fresas con el yogur y añade la cucharada de miel. Al servir las brochetas acompáñalas de esta salsa dulce.

Si te chifla el dulce, puedes sustituir la salsa de yogur y fresas por chocolate caliente. ¡La combinación es deliciosa!

POLOS DE NARANJA
CON MELOCOTÓN Y YOGUR

....

Ingredientes:

· 3 naranjas

· 2 melocotones

· 2 yogures griegos naturales

· 2 cucharadas de miel

Dificultad 👨‍🍳👨‍🍳👨‍🍳

Para 4 polos

Necesitarás:

· 4 vasos de plástico

· Palitos de polo

· Batidora

· Un poquito de paciencia

1. Exprime las naranjas, reparte el zumo en los 4 vasitos y mételos en el congelador. Deben quedar planos para que se hagan bien las capas.

2. Una hora después sácalos y clava los palitos hasta casi el fondo del vaso. Déjalos en el congelador otra hora más.

3. Mientras, pela y trocea los melocotones, después tritúralos con una batidora hasta que consigas un puré fino.

4. Mezcla el puré, el yogur y la miel, reparte en los vasos cuando el zumo esté congelado. Necesitará 2 horas más.

72

Cuando los helados estén listos solo tendrás que meterlos durante unos segundos en agua caliente para sacarlos del vaso.

BIZCOCHITOS DE CHOCOLATE
CON FRESAS

....

Ingredientes:

· 200 g de fresas

troceadas

· 100 g de chocolate

negro

· 100 g de mantequilla

· 2 huevos

· 100 g de azúcar

· 50 g de harina

· 10 g de levadura

Necesitarás:

· 4 tazas que no sean de

cristal para hornearlas

· Batidora

Dificultad 👨‍🍳 👨‍🍳 👨‍🍳

Para 4 bizcochitos

1. Corta las fresas en trozos pequeñitos. Después derrite la mantequilla y el chocolate en el microondas como te explicamos en la página 17.

2. Bate los huevos con el azúcar hasta que estén espumosos y añade el chocolate con la mantequilla, la harina y la levadura. Acaba de mezclar con la batidora.

3. Junta la masa con las fresas y repártela en las tazas previamente engrasadas con un poco de mantequilla. Hornea durante 25 minutos a 180 °C.

paso 1

paso 2

paso 3

Puedes preparar un pastel grande en vez de hacer bizcochos individuales. En ese caso necesitará más tiempo de cocción en el horno.

ENSALADA DE FRUTAS
CON GRANIZADO DE NARANJA

Dificultad 👨‍🍳 👨‍🍳 👨‍🍳   Para 4 personas

Ingredientes:

· 3 naranjas

· 2 cucharadas de azúcar

· 2 plátanos troceados

· 2 kiwis troceados

· 1 melón cantalupo

Necesitarás:

· Recipiente alargado con tapa

· Cazo

· Exprimidor

· Paciencia para esperar 4 horas
  a que se haga el granizado

1. Exprime las naranjas. Calienta el zumo con el azúcar en un cazo a fuego lento 2 minutos mientras remueves un poco.

2. Deja que se enfríe, viértelo en un recipiente alargado con tapa y después mételo en el congelador.

3. A las 2 horas, sácalo y rasca con un tenedor; verás los cristales. Raspa tres veces más en las siguientes 2 horas.

4. Trocea las frutas no muy grandes y repártelas en los platos. Pon encima un par de cucharadas de granizado.

5. Si te apetece puedes cortar el melón con cortadores para dar un toque más divertido a la ensalada.

Prueba a hacer el granizado de sandía o melón y combinarlo con otras frutas de diferentes colores.

VASO DE YOGUR
CON KIWI, MELOCOTÓN Y MUESLI

Ingredientes:

· 2 kiwis

· 2 melocotones

· 2 yogures griegos naturales

· 2 cucharadas de miel

· 8 cucharadas de muesli

Dificultad 👨‍🍳👨‍🍳👨‍🍳

Para 4 personas

Necesitarás:

· Pelador de fruta

· Vaso grande

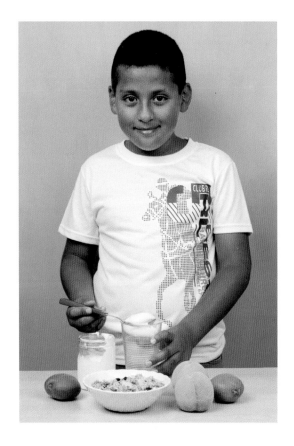

SIGUE LOS PASOS:

1. Para empezar con esta receta, pela y trocea los melocotones y los kiwis en dados pequeños para poder cogerlos bien con la cuchara.

2. Mezcla el yogur con la miel. En un vaso alto empieza colocando una capa de melocotón, otra de kiwi y unas cucharadas de yogur.

3. Sobre el yogur pon otra capa fina de muesli y vuelve a repetir las capas. Termina con un puñadito de muesli y trocitos de fruta.

ROLLITOS DE PASTA FILO
RELLENOS DE CACAHUETE Y MANZANA

Ingredientes:

· 25 g de cacahuetes sin sal tostados y pelados

· 1 cucharada de azúcar

· Canela al gusto

· Una pizca de sal

· 2 manzanas

· 1 paquete de pasta filo

Necesitarás:

· Picadora

· Pincel de cocina

· Papel film para microondas

Dificultad 👨‍🍳 👨‍🍳 👨‍🍳

Para 8 rollitos

1. Tritura los cacahuetes con una picadora hasta conseguir una pasta muy fina. Mezcla con el azúcar, la canela y una pizca de sal.

2. Pon las manzanas ralladas en un cuenco tapado con film y cuece al micro 4 minutos. Mezcla con el cacahuete.

3. Corta 8 trozos de pasta de 25 x 10. Mientras, cubre la pasta filo que no uses con un papel de cocina húmedo.

4. Pon la mezcla sobre la pasta, enrolla y aprieta en los extremos. Hornea durante 10 minutos a 180 °C.

Puedes decorar los rollitos con unos lazos de colores para que parezcan caramelos de verdad.

SÁNDWICH HELADO
DE CHOCOLATE, VAINILLA Y ALMENDRA

Ingredientes:

· 100 g de chocolate
  negro
· 8 galletas María
· 100 g almendras picadas

· 1 tarrina de helado de
  vainilla

Necesitarás:

· Cuenco apto para
  microondas
· Bandeja

Dificultad 👨‍🍳👨‍🍳👨‍🍳

Para 4 sándwiches

1. Empieza troceando el chocolate negro y colocándolo en un cuenco para derretirlo en el microondas, como mostramos en la página 17.

2. Moja la mitad de cada galleta en el chocolate y reboza uno de sus lados en las almendras. Coloca las galletas en una bandeja y déjalas en el congelador 5 minutos.

3. Saca la tarrina de helado del congelador. Cuando se reblandezca 10 minutos pon una cucharada entre dos galletas sacadas del congelador, apriétalas y vuelve a meterlas en el congelador 30 minutos.

paso 1

paso 2

paso 3

Sí, tal y como se te está ocurriendo, puedes hacer tu sándwich con los sabores de helado que quieras, prueba con el de turrón, nata, fresa...

TARTA DE CHOCOLATE
CON GALLETAS Y CEREZAS SIN HORNO

Ingredientes:

· 200 g de galletas María
· 80 g de mantequilla
· 300 g de chocolate negro
· 300 ml de nata líquida
· Un puñado de quicos
· Cerezas para acompañar

Necesitarás:

· Picadora
· Molde de 20-25 cm de
  diámetro de base desmontable

Dificultad 👨‍🍳👨‍🍳👨‍🍳   Para 6 personas

1. Empieza por triturar las galletas y mezclarlas bien con la mantequilla derretida unos segundos en el microondas.

2. Engrasa el molde y cubre el fondo con las galletas apretando para que queden compactas; insiste en los bordes.

3. Trocea el chocolate y derrítelo como explicamos en la página 17 del libro. Después mezcla con la nata líquida.

4. Tritura los quicos con la picadora hasta conseguir dejarlos en trocitos pequeños. Mézclalos con el chocolate.

5. Rellena la base de galletas con el chocolate y deja enfriar en la nevera hasta que endurezca. Sírvela con las cerezas.

Otoño

Otoño

¿QUÉ HAY EN LOS MERCADOS?

Verdura

Puerros. Comienzan a llegar al mercado los más sabrosos.

Calabazas. Puedes preparar deliciosas cremas.

Coles de Bruselas. ¿Aún no has probado los repollitos?

Fruta

Membrillos. Puedes usarlos en platos dulces y salados.

Granadas. Es una de las frutas más saludables que hay.

Peras. Si al tocarla está tierna es que ya está madura.

Pescado

Lubina. Ahora la mayoría llegan desde las piscifactorías.

Besugo. Uno de los pescados más consumidos del mundo.

Anguila. Parece una serpiente pero es un pescado muy rico.

HABLA EN CASA COMO UN AUTÉNTICO CHEF

Al dente
Es una expresión italiana que se aplica a la pasta cocida pero que al morderla todavía está un poquito dura.

Gratinar
Dorar en el horno los alimentos cubiertos con queso rallado, pan o mantequilla.

Brunoise
Manera de cortar la zanahoria y las demás verduras en pequeños dados.

¿Qué es lo que más te gusta del otoño?

Marc, 10 años
Mi cumpleaños es en otoño, así que celebrarlo es una de las cosas que más me gusta de él. También me encanta la Castañada, una fiesta en la que comemos panellets, boniatos asados y castañas.

Ariadna, 6 años

Me gusta ir al bosque porque ya han comenzado a caerse las hojas y aprovecho para recoger caracoles, ¡me encantan! Por fin vuelven las granadas y puedo comer una de mis frutas favoritas.

¿QUIERES SABER UN POCO MÁS?

Cómo colocar la pasta brisa en los moldes y cómo cocerla

Engrasa el molde. Coloca la pasta encima y pégala a la base sin estirar. Recorta la masa que sobre, pincha el fondo con un tenedor y cúbrela con papel de horno y judías. Hornea 10 minutos a 180 ºC. Retira el papel y las judías, rellénala de lo que quieras y métela al horno 20 minutos más. Si es para una tarta fría deja cocer sin papel 10 minutos más pasados los 10 primeros.

Cómo saber si los huevos que tienes en casa son frescos

Si quieres saber si un huevo es fresco solo tienes que hacer un pequeño experimento. Llena de agua un vaso alto y mete el huevo dentro. Si se va al fondo quiere decir que es un huevo fresco, si flota en la superficie es señal de que está pasado. Esto es así porque con el paso de los días aumenta la cámara de aire del interior del huevo, y cuanto más aire, más flota.

CUANDO EMPIECEN A CAERSE LAS HOJAS...

1. Sal al bosque a buscar moras, recoge un buen montón y al llegar a casa prepara una deliciosa mermelada casera para el desayuno.

2. Pronto llegará el frío, así que prepara un día de actividades al aire libre con tus amigos. Podéis organizar carreras de sacos, yincanas, o simplemente jugar al futbol.

3. Sí, en otoño llueve bastante, pero que eso no te detenga. Ponte el chubasquero y las botas de agua y recorre los mejores charcos de tu barrio.

DATOS CURIOSOS

Manzana

Cuando vayas al mercado fíjate en todas las variedades de manzana que hay. ¿Te parecen muchas? Pues la verdad es que no son tantas, si piensas que en el mundo hay más de 7000 tipos distintos. ¿Habrá alguien que los haya probado todos?

Ternera de Kobe

Este es el animal más mimado de todos y vive en Japón. Allí los alimentan con el mejor forraje, y cada día les dan una cerveza y sake, que es un licor japonés. También les dan masajes a diario para que se relajen y los bañan con esponjas.

ALMEJA

Seguro que no sabías que es el animal que vive más años. La almeja Ming tiene el récord de longevidad: vivió ¡507 años!

ENSALADA DE ARROZ,
LENTEJAS, ZANAHORIAS Y PIMIENTO

Ingredientes:

· 200 g de arroz blanco

· 2 zanahorias

· 200 g de lentejas cocidas

· ½ pimiento rojo

· Tomates cherry

· Aceite de oliva

· Vinagre, sal y pimienta

Dificultad 👨‍🍳👨‍🍳👨‍🍳

Para 4 personas

Necesitarás:

· Cazo

· Escurridos

· Rallador

SIGUE LOS PASOS:

1. Cuece el arroz: pon el arroz y 750 ml de agua en un cazo. Cuando comience a hervir estará listo en 20 minutos. Escúrrelo, refréscalo con agua fría y vuelve a escurrir.

2. Pela las zanahorias y rállalas con un rallador para que queden bien finas. Lava el pimiento rojo y trocéalo en dados muy pequeñitos. Lava los tomatitos y resérvalos.

3. Haz una vinagreta con aceite, vinagre, sal y un poco de pimienta negra. Pon el arroz en una fuente, coloca encima las lentejas y las verduras, añade la vinagreta, y ya estará listo.

Las lentejas y el arroz son una combinación perfecta, pero si quieres darle más sabor puedes añadir un poco de atún.

FRITTATA DE CALABAZA
CON QUESO DE CABRA Y BEICON

Ingredientes:

· 200 g de calabaza

· 100 g de beicon

· 1 cebolla

· Queso de cabra

· 6 huevos

· Ensalada para acompañar

Dificultad 👨‍🍳 👨‍🍳 👨‍🍳

Para 4 personas

Necesitarás:

· Sartén, paella o cazuela baja
  que pueda ir al horno

1. Pide a tus papás que pelen la calabaza, después córtala en trozos pequeñitos. Haz lo mismo con el beicon y también con la cebolla.

2. En una sarten echa un chorrito de aceite y los ingredientes cortados, deja cocer tapado 10 minutos a fuego bajo.

3. Bate los huevos y añade el queso cortado en trocitos y las verduras cuando se hayan enfriado un poco.

4. Pon la mezcla en una sartén y hornea, a 200 °C, 20 minutos o hasta que el huevo haya cuajado. Sirve con ensalada.

La frittata es un plato tradicional italiano similar a la tortilla que se diferencia de ella en que termina de cocinarse en el horno.

DADOS DE POLLO MARINADOS

EN LIMÓN, MIEL Y SÉSAMO

Ingredientes:

· 2 pechugas o 2 muslos
de pollo deshuesados
(lo que más te guste)

· Aceite de oliva

· 1 limón

· 2 cucharadas de miel

· 3 cucharadas de sésamo

Necesitarás:

· Exprimidor

· Sartén

Dificultad 👨‍🍳👨‍🍳👨‍🍳

Para 4 personas

1. Para empezar corta la carne del pollo en trocitos y dórala en una sartén con un poco de aceite durante unos 3 minutos.

2. Después, exprime el limón para obtener un zumo y añádelo a la carne junto con la miel. Deja cocer 2 minutos más.

3. Cuando la salsa empiece a espesar es el momento de añadir el sésamo. Deja cocer durante 1 minuto más y estará listo.

paso 1

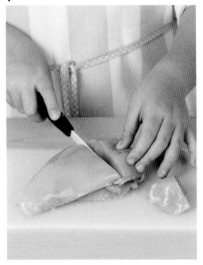

paso 2

paso 3

Puedes preparar esta receta con la pechuga, pero te recomendamos que escojas el muslo porque queda mucho más jugoso.

CARACOLAS GRATINADAS
RELLENAS DE PESCADO Y PEREJIL

Dificultad 👨‍🍳👨‍🍳👨‍🍳   Para 4 personas

Ingredientes:

· 200 g de caracolas de pasta

· 350 g de merluza

· 2 dientes de ajo

· 100 ml de leche

· 4 ramitas de perejil

· 50 ml de crema de leche

· Queso rallado

Necesitarás:

· Escurridor

· Fuente de horno

· Picadora o batidor

1. Cuece la pasta en agua hirviendo siguiendo las instrucciones del envase. Escúrrela y déjala enfriar.

2. Retira la piel y las espinas de la merluza. Después, corta el pescado en trozos pequeñitos.

3. Tritura con la batidora los trocitos de pescado junto con los ajos pelados, la leche y las ramitas de perejil.

4. Rellena las caracolas con la pasta de pescado. Colócalas todas muy juntas en una fuente de hornear.

5. Riega las caracolas con la crema de leche y cúbrelas con el queso. Después, hornea 20 minutos a 180 °C.

Prueba a rellenar la pasta con carne picada y salsa de tomate, cubre con queso rallado y gratina. Está también deliciosa.

LIBRITOS DE LOMO
RELLENOS DE SOBRASADA, MIEL Y QUESO

Ingredientes:

· 4 trozos de lomo cortados para hacer libritos

· 100 g de una buena sobrasada

· 1 cucharada de miel

· 2 lonchas de queso

· 1 huevo

· Pan rallado

· Aceite para freír

Dificultad 👨‍🍳 👨‍🍳 👨‍🍳

Para 4 libritos

Necesitarás:

· Sartén

SIGUE LOS PASOS:

1. Abre los libritos, unta en el centro la sobra-sada, pon un hilo de miel y cubre con media loncha de queso. No llegues a los bordes para que no se salga en el momento de freír.

2. Bate el huevo en un plato hondo y pon el pan rallado en otro plato. Pasa los libritos por el huevo y después por el pan rallado, aprieta para que queden bien cerrados.

3. Calienta aceite abundante en una sartén y fríe los libritos por los dos lados. Cuando veas que están dorados, sácalos y deja que escurran sobre papel de cocina.

La sobrasada de más calidad tiene menos grasa, por lo que resulta menos aceitosa cuando se calienta.

EMPANADILLAS DE ATÚN

CON MOZARELLA, TOMATE Y OLIVAS NEGRAS

Ingredientes:

· 1 mozzarella de búfala

· 10 olivas negras sin hueso

· 2 latas de atún

· 4 cucharadas de tomate
  frito

· 12 obleas para empanadillas

· 1 huevo

Necesitarás:

· Bandeja de horno

Dificultad ♟ ♟ ♟

Para 4 personas

1. Prepara el relleno de las empanadillas: trocea la mozzarella de búfala en daditos muy pequeños; corta las olivas negras en láminas muy finitas.

2. Mezcla con el atún y el tomate frito, y después pon una cucharada pequeña de la mezcla sobre cada oblea.

3. Dobla la masa y cierra los bordes con un tenedor. No las llenes mucho para que no se salga el relleno al hornear.

4. Hornea 10 minutos a 200 ºC, saca y pinta con huevo batido. Deja hornear 5 minutos para que se doren.

También puedes añadir al relleno huevo duro picado y cebolla cortada muy finita; ya verás qué ricas están.

VICHYSOISSE
CON PICATOSTES AL AJO

Ingredientes:

- · 4 rebanadas de pan
- · 1 diente de ajo
- · Aceite de oliva
- · 2 patatas
- · 4 puerros
- · 1 l de caldo de verduras
- · Un poco de sal

Necesitarás:

- · Batidora

Dificultad 👨‍🍳👨‍🍳👨‍🍳

Para 4 personas

1. Unta el pan con el ajo y riégalo con un chorrito de aceite. Córtalo en daditos y hornea a 200 °C 5 minutos o hasta que se doren. Vigila porque se queman enseguida.

2. Pela y trocea las patatas en daditos. Lava los puerros, retira la punta y la parte verde y córtalos en aros. Pon el caldo en una olla y añade las verduras. Añade sal a tu gusto.

3. Deja hervir las verduras durante 20 minutos. Cuando se haya enfriado un poco, tritura con la batidora. Calienta la crema antes de servir y acompáñala con los picatostes.

paso 1

paso 2

paso 3

QUICHE DE SALMÓN

CON LIMÓN, CEBOLLA Y QUESITOS

Ingredientes:

· 1 lámina de pasta brisa

· 1 cebolla grande

· 350 de salmón

· Aceite de oliva

· 4 huevos

· 200 ml de crema de leche

· ½ limón

· 4 quesitos

Necesitarás:

· Molde para quiche

· Sartén

Dificultad 👨‍🍳👨‍🍳👨‍🍳   Para 4 personas

1. Pon la masa en el molde (puedes seguir las instrucciones que te explicamos en la página 89).

2. Corta la cebolla en daditos y el salmón en dados más grandes intentando quitar todas las espinas.

3. En una sartén con aceite dora la cebolla a fuego medio 10 minutos, añade el salmón y deja cocer 2 minutos.

4. Bate los huevos y mézclalos con la crema de leche, la cebolla, el salmón, la ralladura y el zumo del medio limón.

5. Rellena la masa con la mezcla sin llegar al borde. Hornea a 200 °C 25 minutos o hasta que el huevo esté cuajado.

CRUMBLE DE MANZANA

CON UVAS Y CEREALES

Ingredientes:

· 50 g de harina

· 1 pizca de sal

· 40 g de azúcar

· 50 g de mantequilla a
  temperatura ambiente

· 75 g de granola

· 2 manzanas

· 200 g de uvas

· 1 cucharadita de canela

Dificultad 👨‍🍳👨‍🍳👨‍🍳

Para 4 personas

Necesitarás:

· 4 tazas o moldes individuales
  que puedan ir al horno

SIGUE LOS PASOS:

1. En un bol mezcla con las manos la harina, la pizca de sal, el azúcar, la mantequilla y la granola hasta conseguir una especie de migas de harina y cereales.

2. Pela y trocea las dos manzanas en daditos, después parte las uvas por la mitad y quita las pepitas. Pon las frutas en un cuenco y mézclalas bien con la canela.

3. Reparte la fruta en los cuatro moldes o tazas y distribuye encima las migas de harina y cereales de manera que la fruta quede bien cubierta. Hornea a 180 °C durante 30 minutos.

Te aconsejamos que lo acompañes de una buena cucharada de crema chantillí o de nata. Además de más jugoso, estará riquísimo.

PALMERAS CON CANELA
BAÑADAS EN CHOCOLATE

Ingredientes:

· 6 cucharadas de azúcar
  moreno

· 1 lámina de hojaldre

· 1 cucharadita de canela

· 1 tableta de chocolate
  negro para postres

Necesitarás:

· Bandeja de horno

Dificultad 👨‍🍳 👨‍🍳 👨‍🍳

Para **20** palmeras

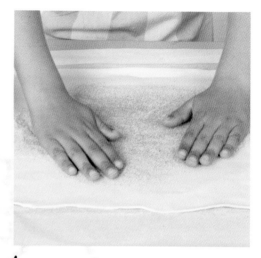

1. Pon un poco de azúcar en la mesa y estira encima el hojaldre. Reparte sobre la masa la canela y el resto del azúcar, cubriéndola hasta los bordes.

2. Enrolla con cuidado la masa de hojaldre desde los dos extremos hasta llegar al centro. Corta trocitos finos.

3. Hornéalas 25 minutos a 180 ºC, hasta que estén doradas. Saca del horno y deja que se enfríen.

4. Funde el chocolate en el micro (ver página 17) y baña la base de las palmeras. Déjalas enfriar en una bandeja.

Antes de comerlas espera a que el chocolate endurezca. No te impacientes, porque puede que tarde un poquito.

VASOS DE NATILLAS
CON FRAMBUESAS Y BIZCOCHO

Ingredientes:

· 4 sobaos, magdalenas
  o tu bizcochito favorito
· Zumo de 2 naranjas
· 250 g de frambuesas

· 3 natillas
· Nata montada

Necesitarás:

· 4 vasos o copas para servir

Dificultad 👨‍🍳 👨‍🍳 👨‍🍳

Para 4 vasos

1. Empieza a preparar este postre troceando los sobaos o el bizcocho de tu elección y repartiéndolos en el fondo de los vasos. Después remójalos con el zumo.

2. Sobre el bizcocho coloca una capa de frambuesas y, encima, echa la natilla; recuerda que tendrás que repartir las tres natillas entre los cuatro vasos.

3. Después mete los vasos o copas en la nevera para que se enfríen. En el momento de llevarlo a la mesa, decora con un poquito de nata y unas frambuesas.

paso 1

paso 2

paso 3

Este postre, supersencillo de preparar, hará las delicias de todos.
Seguro que volverás a prepararlo.

PANELLETS
DE PIÑONES, ALMENDRAS Y COCO

Dificultad 👨‍🍳👨‍🍳👨‍🍳   Para **25-30** panellets

Ingredientes:

· 1 clara de huevo
· 250 g de almendra cruda
  molida
· 250 g de azúcar
· 1 yema de huevo batida
  para pintar los panellets
· Piñones, almendra picada
  o coco rallado para rebozar

Necesitarás:

· Varillas

1. Para preparar los panellets empieza batiendo un poquito la clara del huevo con la ayuda de las varillas.

2. Mezcla la almendra con el azúcar y después añádelos a la clara. Amasa hasta conseguir una consistencia firme.

3. Haz una bola con toda la masa, envuélvela en un papel film y métela durante dos horas en la nevera.

4. Saca la masa de la nevera y haz bolitas no demasiado grandes, intentando que sean todas del mismo tamaño.

5. Baña una mitad en yema y coco, la otra en piñones o almendra y pinta con yema. Hornea 5-10 minutos a 200 °C.

Este delicioso postre tradicional de Cataluña se prepara para la Castañada, que coincide con la festividad de Todos los Santos.

PLÁTANOS CON CHOCOLATE
Y COCO RALLADO

Ingredientes:

· 2 plátanos
· 150 g de chocolate negro
· 150 g de nata líquida
· Coco rallado

Dificultad 👨‍🍳 👨‍🍳 👨‍🍳

Para 4 polos

Necesitarás:

· Palitos de polo

SIGUE LOS PASOS:

1. Empieza por pelar los plátanos y después cortarlos por la mitad para conseguir dos partes iguales. Clava, un palito de polo en cada mitad por la parte del corte.

2. Trocea el chocolate y derrítelo en el microondas (sigue las instrucciones que te damos en la página 17 del libro). Después mezcla con la nata líquida.

3. A continuación echa el coco rallado en un platito para que te sea más sencillo rebozar los plátanos mientras el chocolate esté todavía líquido. Deja enfriar y estarán listos.

Prueba a rebozar el plátano también en cacahuete picado, o incluso en quicos muy picados. Su sabor te sorprenderá.

TABLETA DE 2 CHOCOLATES
CON FRUTOS SECOS Y OREJONES

Ingredientes:

· 200 g de chocolate negro

· 50 g de chocolate blanco

· Avellanas

· Nueces

· Orejones

Dificultad 🎩 🎩 🎩

Para 6 personas

Necesitarás:

· 2 cuencos grandes

· Espátula de silicona

· Papel de horno

· Bandeja grande

· Palillos

1. Coloca, en dos cuencos diferentes, los dos chocolates troceados. Fúndelos siguiendo las instrucciones que te damos en la página 17.

2. En una bandeja cubierta con papel de horno, extiende el chocolate negro con la espátula. La capa ha de ser gruesa.

3. Echa encima cucharaditas de chocolate blanco y, con un palillo, arrastra el blanco haciendo dibujos.

4. Coloca encima las avellanas, las nueces y los orejones troceados. Cuando el chocolate esté sólido pártelo en trozos.

116

Si quieres hacer un regalo muy dulce a alguien, puedes preparar varias tabletas pequeñas en vez de una tableta grande.

TARTA TATIN
DE MANZANA Y CARAMELO

Ingredientes:

· 5 o 6 manzanas, en
  función del tamaño
  del molde
· Zumo de 1 limón

· 4 cucharadas de
  caramelo
· 1 lámina de pasta brisa

Necesitarás:

· Molde redondo
· Plato llano grande para
  servir la tarta

Dificultad ♟ ♟ ♟

Para 8 personas

1. Pela las manzanas, córtalas en cuartos y quítales el corazón; inmediatamente después mójalas con el zumo de limón para que no se pongan oscuras.

2. Pon un poco de caramelo en el fondo del molde y encima reparte las manzanas con la parte redondeada de la fruta hacia abajo. Tienen que quedar apretadas.

3. Corta la pasta con forma circular 2 cm más grande que el molde, cubre las manzanas y pon la masa sobrante en los laterales. Hornea 40 minutos a 200 ºC. Cuando se enfríe pasa un cuchillo por los bordes, pon un plato sobre la pasta y dale la vuelta para que las manzanas queden hacia arriba.

paso 1

paso 2

paso 3

EMPANADILLAS DULCES
DE REQUESÓN Y DULCE DE MEMBRILLO

Dificultad 👨‍🍳 👨‍🍳 👨‍🍳 Para **15** empanadillas

Ingredientes:

· 15 obleas de empanadillas
· 200 g de dulce de
  membrillo
· 200 g de requesón

Necesitarás:

· Bandeja de horno
· Pincel de cocina

1. Pon el dulce de membrillo en un cuenco o un plato y cháfalo con un tenedor hasta conseguir una pasta fina.

2. Cuela el requesón para que suelte el agua y mézclalo con el membrillo hasta obtener una pasta.

3. Pon una cucharada en cada oblea y dobla la pasta. No pongas demasiado o se abrirán mientras se hornean.

4. Cierra los bordes con un tenedor. Asegúrate de que todas las empanadillas queden bien cerradas.

5. Hornea 10 minutos a 200 ºC, sácalas, píntalas con huevo batido y hornea 5 minutos más o hasta que se doren.

Las empanadillas también pueden hacerse fritas en abundante aceite, pero te proponemos hacerlas al horno porque son más sanas.

Invierno

Invierno

¿QUÉ HAY EN LOS MERCADOS?

Verdura

Brócoli. Una de las verduras más saludables. ¡Pruébala!

Alcachofas. Prepáralas fritas o rellenas de lo que más te guste.

Boniatos. Ahora podrás comprar los más dulces del año.

Fruta

Naranjas. Están llenas de vitaminas, toma un zumo al día.

Uva. Las hay blancas, negras y pasas. ¡Todas están ricas!

Chirimoyas. Cómpralas un poco verdes y deja que maduren.

Pescado

Bacalao. Puede comerse fresco o desalado.

Vieiras. Las más grandes pueden pesar medio kilo.

Carabineros. Tienen un sabor más intenso que las gambas.

HABLA EN CASA COMO UN AUTÉNTICO CHEF

Amasar

Doblar y aplastar con las manos una masa hecha de harina y otros ingredientes para hacerla suave y elástica. Con ella se hace pan, cocas o pizzas.

Precalentar

Encender el horno con antelación para que esté caliente cuando metas lo que vayas a cocer.

Atemperar

Dejar que un alimento que está caliente o frío se ponga a temperatura ambiente poco a poco.

¿Qué es lo que más te gusta del invierno?

Lucía, 10 años
Donde yo vivo no suele nevar, así que me encanta ir con mis padres a lugares donde pueda jugar con la nieve. También me gusta tumbarme en el sofá con una mantita y que mi mami me caliente los pies.

Roni, 9 años
Cuando llega el frío no me da pereza salir a jugar con mis amigos a la calle. Y cuando vuelvo a casa me encanta comer una pizza con mucho queso; es uno de mis platos favoritos.

¿QUIERES SABER UN POCO MÁS?

Cómo tamizar la harina para preparar los bizcochos

Cuando prepares bizcochos necesitarás tamizar la harina. Esto consiste en ponerla dentro de un colador y golpearlo ligeramente para que la harina pase por él. De esta manera la harina quedará aireada y más limpia. No la viertas toda de una vez porque puede salirse del colador.

Cómo engrasar los moldes para evitar que se peguen

Si un molde no se engrasa bien puede hacer que el bizcocho se pegue y se rompa. Úntalo con mantequilla y después añade una cucharada de harina, mueve el molde para que la harina cubra toda la mantequilla y tira la harina que haya sobrado antes de poner la masa.

CUANDO TENGAS QUE SALIR CON BUFANDA...

1. Invita a tus amigos a merendar en casa y sorpréndeles con chocolate caliente y magdalenas caseras. Podéis acabar la tarde en el sofá viendo una película.

2. Haz una salida a tu mercado más próximo: descubrirás un montón de productos que no conocías. Sé valiente y atrévete a comprar algo que nunca hayas probado.

3. Como hace mucho frío fuera de casa, visita algún museo en el que nunca hayas estado; todos ellos organizan actividades para niños que te encantarán.

DATOS CURIOSOS

Naranja

Esta fruta fue muy importante para los marineros que en el pasado hacían largas travesías, ya que en ellas muchos enfermaban de escorbuto; hasta que un médico descubrió que el comer naranjas les ayudaba a enfermar menos y a sobrevivir.

Yogur

¿Te gusta el yogur? Pues estás de suerte, porque todos deberíamos comer uno al día. Aunque parezca increíble, en cada cucharada hay millones de bacterias invisibles que ayudan a nuestro sistema digestivo a hacer que estemos más sanos.

ALCACHOFA

Seguro que no te imaginas que lo que nos comemos de la alcachofa es una flor, y si la dejáramos crecer sería muy grande y de color azul.

BACALAO GRATINADO
CON ALIOLI

Ingredientes:

· Aceite de girasol y sal
· ½ diente de ajo
· 1 huevo
· 4 trozos de bacalao
  desalado
· 2 tomates

Dificultad 👨‍🍳👨‍🍳👨‍🍳

Para 4 personas

Necesitarás:

· Batidora
· Fuente de hornear

SIGUE LOS PASOS:

1. Prepara el alioli siguiendo los pasos de la página 53 en la que te explicamos cómo hacer la mayonesa. En este caso tendrás que añadir el ajo antes que el huevo.

2. Echa un poco de aceite en el fondo de la fuente de hornear y pon los cuatro trozos de bacalao en ella. Cubre cada trozo de pescado con dos cucharadas de alioli.

3. Hornea a 200 ºC 10 minutos, hasta que el alioli esté dorado. Corta el tomate en láminas, coloca dos láminas en cada plato y encima el bacalao todavía caliente.

El bacalao se seca en sal para que se conserve más tiempo. Antes de cocinarlo hay que ponerlo en remojo al menos un día para desalarlo.

PIZZA
CON PUERRO, CHAMPIÑONES Y ZANAHORIA

Ingredientes:

Para la masa:

· 300 g de harina

· 150 ml de agua

· ½ cucharada de sal

· 10 g de levadura fresca

· 1 cucharada de aceite

Para la pizza:

· 1 puerro

· 6 champiñones

· 1 zanahoria

· Tomate frito

· Mozzarella rallada

Dificultad 👨‍🍳👨‍🍳👨‍🍳

Para 4 personas

Necesitarás:

· Rodillo

· Bandeja para el horno

1. Mezcla todos los ingredientes de la masa. Cuando tengas una masa que no se pegue en los dedos deja que repose media hora en una bolsa de plástico.

2. Lava los champiñones, pela las zanahorias y quita la raíz y la parte verde del puerro. Córtalos todos en láminas finas.

3. Amasa un poco más la masa y estírala con la ayuda de un rodillo. Reparte el tomate frito por encima.

4. Cubre con queso rallado y reparte encima las verduras. Hornea a 200ºC durante 30-40 minutos.

Nosotros hemos escogido una pizza de verduras porque nos encanta, pero tu puedes añadirle beicon, atún o lo que se te ocurra.

ESTOFADO DE TERNERA

CON ZANAHORIAS Y CHOCOLATE

Ingredientes:

· 4 zanahorias

· 1 cebolla grande

· 2 tomates

· 750 g de carne de
  ternera para estofar,

en trozos grandes

· Aceite de oliva

· Sal y pimienta negra

· 10 g de chocolate negro

Necesitarás:

· Olla rápida

Dificultad 👨‍🍳 👨‍🍳 👨‍🍳

Para **4** personas

1. Empieza por pelar las zanahorias, la cebolla y los tomates. Corta las verduras en trozos no muy grandes. Echa aceite en la olla y dóralas durante unos minutos.

2. A continuación, incorpora la carne salpimentada a la misma olla y dórala junto a las verduras hasta que comience a estar dorada por todos sus lados.

3. Añade 200 ml de agua, cierra la olla y deja cocer 20 minutos. Cuando la abras, incorpora el chocolate y deja que cueza durante 5 minutos más sin tapar la olla.

paso 1

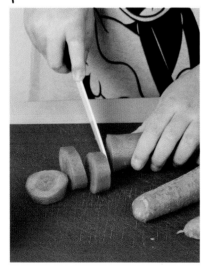

paso 2

paso 3

CREPES GRATINADOS
RELLENOS DE BRÓCOLI Y ZANAHORIA

Ingredientes:

· 3 zanahorias

· ½ brócoli

· 150 ml de agua

· 8 crepes pequeños o
4 grandes partidos
por la mitad

· 1 bote de bechamel

· Queso mozzarella rallado

Necesitarás:

· Pelador

· Rallador o picadora

· Fuente de horno

Dificultad 🎩🎩🎩   Para 8 crepes

1. Lava y pela las zanahorias, después rállalas. Si lo prefieres puedes hacerlo más rápido con una picadora.

2. A continuación, lava el brócoli y, usando la misma técnica que antes, rállalo también hasta que quede muy fino.

3. Pon las verduras en una sartén con un poco de aceite y el agua, cuécelas tapadas 15 minutos y deja enfriar.

4. Mezcla la verdura con dos cucharadas de bechamel y rellena los crepes con la mezcla, después enróllalos.

5. Ponlos en la fuente, cubre con bechamel y el queso y hornea a 180 ºC, hasta que esté caliente y el queso dorado.

Si no quieres comprar o preparar los crepes y tienes pasta de canelones en casa no dudes en utilizarla.

ARROZ AL HORNO
CON PUERROS Y CHORIZO

Ingredientes:

· 1 bandeja de champiñones
· 2 puerros
· 70 g de chorizo
· 250 g de arroz
· Aceite de oliva
· 500 ml de caldo de verdura
· 50 g de mantequilla

Dificultad 👨‍🍳👨‍🍳👨‍🍳

Para 4 personas

Necesitarás:

· Fuente que pueda ir al horno
· Papel de aluminio

SIGUE LOS PASOS:

1. Corta las verduras y el chorizo en trocitos y dóralos en una sartén al fuego con un poco de aceite. Cuece a fuego bajo hasta que las verduras estén blanditas.

2. Mezcla las verduras con el arroz, ponlo todo en la fuente, añade el caldo y tapa con papel de aluminio. Después hornea el arroz durante 20 minutos a 200 ºC.

3. Retira el papel de aluminio (ojo, que quemará). En el último momento añade la mantequilla y remueve, y cuando esté derretida agrega el queso y vuelve a remover.

También puedes preparar este arroz en una paella o una cazuela en la cocina, sin tener que hornearlo; también estará listo en 20 minutos.

CREMA DE ZANAHORIA
CON NARANJA, PIPAS Y QUESO

Ingredientes:

- 500 g de zanahorias
- 60 g de mantequilla
- 700 ml de caldo de verduras
- Zumo de 1 naranja
- Queso de cabra de rulo
- Pipas de girasol peladas

Dificultad 👨‍🍳 👨‍🍳 👨‍🍳

Para 4 personas

Necesitarás:

- Rallador o picadora
- Papel film que pueda ir al microondas

1. Pela las zanahorias, rállalas o pícalas con la picadora muy finas. Después colócalas en un cuenco junto con el agua y la mantequilla.

2. Cocina en el microondas a máxima potencia 10 minutos tapado con papel film al que le habrás hecho unos agujeros.

3. Exprime el zumo de naranja, con él tritura las zanahorias y el caldo. Calienta a fuego bajo 5 minutos.

4. Haz bolitas con el queso y úsalas para decorar los platos; añade las pipas peladas para dar un toque crujiente.

Esta riquísima crema es muy sana porque suma las vitaminas de la naranja y las de la zanahoria.

PASTA CON SALMÓN
GUISANTES Y LIMÓN

Ingredientes:

· 400 g de macarrones

· 300 g de salmón

· Aceite de oliva y sal

· 1 bote pequeño de
  guisantes

· 200 ml de crema de
  leche

· 1 limón

· Cebolla frita crujiente

Necesitarás:

· Olla

· Sartén

· Rallador

Dificultad 👨‍🍳👨‍🍳👨‍🍳

Para 4 personas

1. Cuece los macarrones siguiendo las indicaciones del paquete. Mientras, trocea el salmón en dados y dóralos 2 minutos en una sartén con un poco de aceite.

2. Cuela los guisantes y añádelos a la sartén con el salmón, agrega la crema de leche y el zumo de medio limón, y deja cocer durante 2 minutos más.

3. Una vez escurridos, mezcla los macarrones con la salsa. En el momento de servir echa sobre la pasta la cebolla crujiente y la ralladura del limón.

paso 1

paso 2

paso 3

El truco para que la cebolla esté realmente crujiente es añadirla justo antes de empezar a comer.

ROLLITOS DE PAVO

CON ESPINACAS, QUESO Y PASAS

Ingredientes:

· 150 g de espinacas

· 200 g de queso crema

· 4 filetes finos de pechuga
  de pavo

· Un puñadito de pasas

Necesitarás:

· Papel film que puedas usar en
  el microondas

· Cuenco para microondas

Dificultad 👩‍🍳👩‍🍳👩‍🍳   Para 4 rollitos

1. Pon las espinacas y dos cu-charadas de agua en un bol y tápalas con film. Cuece en el microondas 3 minutos.

2. Ten cuidado al quitar el plástico: puede quemar. Cha-fa las espinacas y mézclalas con el queso crema.

3. Pon una cucharada de espinacas con queso sobre el filete de pavo y reparte encima unas pasas.

4. Enróllalo y envuelve en film, cerrando muy bien los extre-mos como si fuera un cara-melo; no debe entrar agua.

5. Pon agua en un cazo y cuando hierva mete los rollos 10 minutos a fuego bajo. Deja templar y sírvelos cortados.

Para asegurarte de que no entre agua en el paquete y evitar sorpresas, ata los extremos con cordel de cocina.

COCA CRUJIENTE DE AZÚCAR
CON PIÑONES Y ALMENDRAS

Ingredientes:

· 1 base cuadrada de pizza
· 4 cucharadas de aceite de girasol
· 40 g de azúcar
· 50 g de piñones
· 50 g de almendras picadas

Dificultad ♟ ♟ ♟

Para 6 personas

Necesitarás:

· Rodillo
· Pincel de cocina

SIGUE LOS PASOS:

1. Sobre una superficie lisa, extiende la base de la pizza, y con la ayuda del rodillo estírala para que quede lo más fina posible. Este paso es muy importante.

2. Pinta toda la pizza con el aceite y distribuye encima el azúcar. Si quieres puedes usar un pincel para que la masa quede bien cubierta. Hornea 10 minutos a 180 ºC.

3. Una vez haya pasado ese tiempo, saca la coca del horno, reparte los piñones y las almendras por encima y vuelve a hornear hasta que los piñones estén dorados.

El secreto para que esta coca esté supercrujiente es estirarla bien con el rodillo para que la masa sea lo más fina posible.

TARTALETAS DE NARANJA
Y LIMÓN CON CROCANTI

Ingredientes:

· 1 o 2 láminas de pasta brisa

· 3 naranjas

· 1 limón

· 4 cucharadas de azúcar

· 30 g de harina de maíz

· Crocanti

· 1 mandarina

Necesitarás:

· 4 moldes de tartaletas

· Exprimidor

Dificultad 👨‍🍳 👨‍🍳 👨‍🍳

Para 4 tartaletas

1. Coloca la pasta brisa en los moldes de las tartaletas y hornéalas como se indica en la página 89. Según el tamaño del molde puedes necesitar dos láminas.

2. Exprime el zumo de las naranjas y del limón. Después, en un cuenco, mézclalos con el azúcar.

3. Diluye la harina en un poco de zumo. Ponlo todo en un cazo y cuece sin dejar de remover hasta que espese.

4. Reparte la crema en las tartaletas y deja que cuaje. Al servir decora con crocanti y gajos de mandarina.

Aunque la naranja y el limón son frutas de invierno, puedes preparar estas tartaletas durante todo el año.

MAGDALENAS

Ingredientes:

· 1 huevo
· 80 g de azúcar
· 100 ml de aceite
· 50 ml de leche

· 100 g de harina
· 5 g de levadura en polvo
· Azúcar para espolvorear
  por encima

Necesitarás:

· 2 moldes de magdalenas
  de 6, o 1 molde de 12
· Batidora de varillas
· Cápsulas de magdalenas

Dificultad 👨‍🍳 👨‍🍳 👨‍🍳

Para 12 magdalenas

1. Precalienta el horno a 180 °C. Mientras, bate el huevo con el azúcar. Cuando consigas una textura espumosa, añade el aceite y la leche, y sigue batiendo.

2. Después tamiza la harina y la levadura y agrégalas a la mezcla anterior. Bate con la batidora hasta que los ingredientes estén completamente integrados.

3. Coloca las cápsulas en las bandejas y rellénalas con la masa hasta un dedo del borde. Espolvorea con una pizca de azúcar y hornea de 13 a 15 minutos.

paso 1

paso 2

paso 3

Empieza por preparar esta sencilla receta de magdalenas;
cuando les cojas el truco podrás añadir tus ingredientes favoritos.

GALLETAS TIERNAS
DE BONIATO

Ingredientes:

· 200 g de harina

· ½ sobre de levadura

· 50 g de azúcar

· Un pellizco de sal

· 300 g de boniato asado

· 50 g de mantequilla a
  temperatura ambiente

Necesitarás:

· Rodillo

· Cortadores

· Papel de horno

· Bandeja de horno

Dificultad 👨‍🍳👨‍🍳👨‍🍳   Para 30 galletas

1. Empieza tamizando en un cuenco la harina con la levadura, después añade el azúcar y la sal a la mezcla.

2. Chafa el boniato con un tenedor hasta conseguir un puré fino y mézclalo con la mantequilla.

3. Mezcla la harina con el boniato; si la masa queda dura, añade un poco de leche; y si queda pegajosa, más harina.

4. Extiende la masa entre dos hojas de papel de horno con un rodillo hasta conseguir un grosor de 1 cm.

5. Corta las galletas y ponlas sobre papel en una bandeja y hornea 10 minutos a 200 ºC, o hasta que estén doradas.

BIZCOCHO DE CHOCOLATE
CON NUECES AL MICROONDAS

Ingredientes:

· 250 g de chocolate negro

· 125 g de mantequilla

· 2 huevos

· 100 g de azúcar

· 100 g de harina

· ½ sobre de levadura

· 3 cucharadas de leche

· 60 g de nueces troceadas

· Helado de vainilla

Dificultad 👨‍🍳👨‍🍳👨‍🍳

Para 8 personas

Necesitarás:

· Batidora de varillas

· Molde de silicona

SIGUE LOS PASOS:

1. Derrite el chocolate con la mantequilla como te explicamos en la página 17. Bate los huevos con el azúcar hasta que estén bien mezclados y haya dejado de notarse el azúcar.

2. Cuando el chocolate se haya enfriado un poco, añádelo a los huevos y mezcla; después incorpora la levadura y la harina tamizadas, la leche y las nueces. Vuelve a batir.

3. Vierte la masa en el molde y ponlo en el microondas 5 minutos a máxima potencia. Para saber si está cocido, sigue la explicación de la página 17. Sirve con helado de vainilla.

Ten cuidado al sacar el bizcocho del horno porque estará muy caliente, y espera a que se enfríe del todo antes de comerlo.

TRUFAS
CON PERLITAS DE COLORES

....

Ingredientes:

· 300 g de chocolate negro

· 100 ml de nata líquida

· Cacao en polvo

· Perlitas de colores

· Fideos de colores

Dificultad 👨‍🍳 👨‍🍳 👨‍🍳

Para 20 trufas

Necesitarás:

· Un cuenco grande que pueda

  ir al microondas

· Espátula de silicona

1. Derrite el chocolate como te explicamos en la página 17. Añade la nata líquida y mezcla bien con una espátula hasta que solo se vea chocolate.

2. Deja enfriar la mezcla, tápala y guárdala en la nevera media hora, hasta que endurezca y puedas trabajarla.

3. Coge una cucharadita de chocolate y dale forma con las manos, notarás que el calor de las manos lo ablanda.

4. Pon los fideos y las perlitas en platos y reboza las bolas de chocolate con ellas. Guárdalas tapadas en la nevera.

Si lo prefieres, puedes rebozar las bolitas de chocolate con cacao en polvo. Serán menos coloridas pero tambien estarán muy ricas.

TARTA RÚSTICA
DE MANZANA Y COMPOTA

Ingredientes:

· 3 manzanas
· 1 lámina de pasta brisa
· 4 cucharadas de
  compota de manzana
· 2 cucharadas de azúcar
· Canela

Necesitarás:

· Papel de horno

Dificultad 👨‍🍳👨‍🍳👨‍🍳

Para 6 personas

1. Lava las manzanas y córtalas sin pelar en cuatro trozos. Después retira el corazón y córtalas en láminas en forma de media luna no demasiado gruesas.

2. Extiende la masa. Reparte una cucharada de compota y encima coloca las láminas solapándolas con la parte redonda hacia fuera, y dejando 5 cm hasta el borde.

3. Dobla el borde de la masa sobre las manzanas y reparte en el centro el resto de compota. Espolvorea con azúcar y canela, y hornea 40 minutos a 200 ºC.

paso 1

paso 2

paso 3

Prueba a sustituir las manzanas por peras, o atrévete a combinarlas, y también puedes añadir tus frutos secos favoritos.

ROSCA DULCE
DE HOJALDRE Y CANELA

Dificultad 👨‍🍳👨‍🍳👨‍🍳   Para 8 personas

Ingredientes:

· 1 lámina de hojaldre
  cuadrada
· 150 g de azúcar
· 1 cucharada de canela

Necesitarás:

· Rodillo
· Papel de horno
· Bandeja para horno

1. Precalienta el horno a 200 ºC. Estira la lámina de hojaldre al máximo con el rodillo y reparte encima el azúcar y la canela.

2. Después enrolla la lámina por el lado largo, intentando que toda la masa quede igualada.

3. A continuación corta por la mitad a lo largo el rollo de hojaldre con un cuchillo afilado.

4. Une con un poco de agua las puntas de un extremo y trenza de modo que se vean las capas con la canela.

5. Junta los dos extremos y hornea en una bandeja con papel de horno 45 minutos a 180 ºC o hasta que esté cocido.

Prepara este postre para alguna celebración familiar y los sorprenderás a todos. ¡Está deliciosa!

VOCABULARIO DE COCINA

AL DENTE
Expresión italiana que se refiere al punto de cocción de la pasta: tierna pero consistente al morderla.

ALIÑAR
Condimentar una ensalada con aceite, vinagre y sal o con vinagreta.

AMASAR
Doblar y aplastar una masa de pan o de pizza para hacerla suave y elástica.

ATEMPERAR
Dejar que un alimento frío se temple fuera de la nevera.

BATIR
Añadir aire a un ingrediente (huevos, nata...) agitando enérgicamente unas varillas, un tenedor o una batidora.

BECHAMEL
Salsa cremosa hecha con harina, leche y mantequilla.

BRUNOISE
Tipo de corte de las verduras o la fruta en dados o cubos pequeños.

COCA
Masa horneada, redonda y crujiente hecha con harina, grasa y otros ingredientes, típica de la costa mediterránea española.

COLAR
Pasar líquidos por un colador para eliminar las impurezas.

CUSCÚS
Sémola de trigo duro.

COMPOTA
Fruta cocida a fuego lento con agua y azúcar y que se convierte en un sabroso puré.

CREMA DE LECHE
Crema grasa que proviene de la leche cruda y que se usa para cocinar.

CROCANTI
Mezcla dulce muy crujiente hecha con frutos secos caramelizados con azúcar.

CHORIZO
Embutido de carne de cerdo y adobado con pimentón.

DERRETIR
Fundir algún alimento con la ayuda del calor, como el chocolate o la mantequilla.

DESGRANAR
Sacar los granos o semillas de algunas frutas y verduras como la granada, los guisantes o las habas.

DISOLVER
Mezclar un sólido con un líquido hasta que el sólido se deshaga.

DULCE DE MEMBRILLO
Postre preparado con membrillo y azúcar, muy tradicional en España y Portugal.

EMPANAR
Rebozar un alimento primero en huevo y después en pan rallado para hornearlo o freírlo.

ENGRASAR
Untar con grasa (aceite o mantequilla) una sartén, una bandeja o un molde.

ESCURRIR
Poner los alimentos en un colador para eliminar los líquidos.

ESPOLVOREAR
Esparcir un alimento en polvo o rallado sobre otro.

FREÍR
Cocinar los alimentos utilizando aceite o grasa hirviendo.

GRANOLA
Mezcla horneada y crujiente hecha con copos de avena, frutos secos, semillas, azúcar o miel.

GRATINAR
Dorar en el horno los alimentos recubiertos con queso rallado, pan o mantequilla.

HERVIR
Cocer un alimento en un líquido hirviendo.

HOJALDRE
Masa hecha de harina y mantequilla que al cocer en el horno crece formando láminas finas.

JAMÓN SERRANO
Pierna trasera del jamón salada y secada al aire típica de España.

LEVADURA
Producto que fermenta y que se añade a bizcochos y rebozados para hacerlos más esponjosos.

MARINAR
Dejar los ingredientes dentro de un líquido para que absorban los sabores, se ablanden y se conserven más tiempo.

MELÓN CANTALUPO
Variedad de melón pequeña y redondeada con carne de color naranja originario de Francia.

MOZZARELLA
Queso fresco italiano hecho tradicionalmente con leche de búfala que se usa en ensaladas y pizzas.

MUESLI
Mezcla de copos de cereales, fruta deshidratada y frutos secos.

NATA LÍQUIDA
Crema que proviene de la leche y que se suele montar para utilizarla en postres.

OREJONES
Melocotones y albaricoques desecados para que se conserven más tiempo.

PAN DE PITA
Pan redondo y plano que se puede rellenar, muy consumido en el Mediterráneo oriental.

PASTA BRISA
Masa de harina y bastante mantequilla que se usa para hacer bases de tartas.

PASTA FILO
Masa muy fina que puede usarse doblada o enrollada. Típica de Oriente Medio, el Magreb y Turquía.

PRECALENTAR
Calentar el horno a una temperatura determinada antes de introducir el alimento a hornear.

PICAR
Cortar los alimentos en trozos muy pequeñitos con un cuchillo o con una picadora.

PIZCA
Cantidad de sal, azúcar o especias que cabe entre dos dedos.

QUESO MASCARPONE
Queso muy cremoso y dulce que se suele usar en postres, tradicional del norte de Italia.

RALLAR
Desmenuzar un alimento utilizando un rallador para conseguir una textura muy fina.

RESERVAR
Dejar un alimento a un lado, pero al alcance de la mano, para utilizar más adelante en la receta.

SÉSAMO O AJONJOLÍ
Semillas muy saludables que se usa en platos dulces y salados.

SOBRASADA
Embutido tierno hecho con carne, pimentón y pimienta, y que se puede untar.

TAMIZAR
Pasar la harina, la levadura o el cacao por un colador para eliminar las impurezas y airearlos.

TEMPERATURA AMBIENTE
Temperatura que toman los alimentos cuando están fuera de la nevera.

VINAGRETA
Mezcla hecha con aceite, vinagre y sal a la que se puede añadir más ingredientes, y que se usa para aliñar las ensaladas.

MEDIDAS

5 ml = 1 cucharadita de café
10 ml = 1 cucharadita de postre
15 ml = 1 cucharada
250ml = 1 taza

200 g = 1 taza de azúcar
120 g = 1 taza de harina
150 g = 1 taza de arroz
250 ml = 1 taza de leche

28 g = 1 onza
450 g = 1 libra

UTENSILIOS DE COCINA

Es posible que al leer alguna de las recetas te hayas encontrado con algún utensilio que no tengas en casa o que no conozcas. Para que te sea mucho más fácil averiguar cuáles son los que vas a necesitar, hemos creado esta página en la que encontrarás los que puedan resultar menos conocidos. No hemos incluido los cuchillos, cucharas de madera, sartenes, ollas o paellas que seguro que todos tenéis o, al menos, habéis visto utilizar alguna vez en casa.

Batidora eléctrica

Batidora de varillas y
varillas manuales

Coladores

Exprimidor

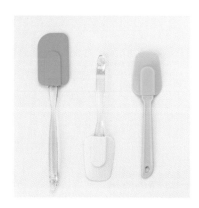

Espátulas de silicona,
o lenguas

Molde y cápsulas de
magdalenas

Moldes metálicos para bizcochos

Moldes de silicona para bizcochos

Molde de quiche y moldes de tartaletas

Olla rápida o de presión

Papel de aluminio, de horno y film

Pelador y ralladores

Picadora

Pinceles de cocina

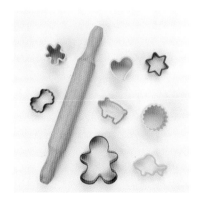

Rodillo y cortadores

TEST: ¿SABES TANTO COMO UN CHEF?

¿Cuántas raciones de verduras deberíamos comer al día?

A- 1

B - 5

C- 23

Busca la respuesta en la página 9. B.

¿Con qué objetos tienes que tener más cuidado?

A - con los cuchillos

B - con los tomates

C - con los platos voladores

Busca la respuesta en la página 11. B.

¿Sabes lo que es cortar en brunoise?

A - Cortar en palitos

B - Cortar en forma de estrellas

C- Cortar en daditos

Busca la respuesta en la página 88. C.

¿En qué época del año compras las mejores naranjas?

A - En invierno

B - En primavera

C - En julio

Busca la respuesta en la página 124. A.

¿Qué es una alcachofa?

A - Una flor

B - Una raíz

C - Un avión

Busca la respuesta en la página 125. A.

¿Cuándo tienes que lavarte las manos en la cocina?

A - Antes y después de cocinar

B - Los martes y los jueves

C - Los días que no llueve

Busca la respuesta en la página 10. A.

¿Qué tipo de leche usarías para hacer queso?

A - La de elefanta

B - La de canguro

C - La de oveja

Busca la respuesta en la página 17. C.

¿Qué es lo que no se debe hacer en la mesa?

A - Limpiarte con la servilleta

B - Comer con la boca llena

C - Beber agua en vaso

Busca la respuesta en la página 12. A.

¿Cuántos tipos de manzanas hay en el mundo?

A - 3

B - 500

C - Más de 7000

Busca la respuesta en la página 89. C.

¿Cómo sabes si las patatas están cocidas?

A - Tirándolas contra la pared

B - Pinchando con un cuchillo

C - Preguntándoselo

Busca la respuesta en la página 53. B.

¿Cuándo tiene que haber un adulto contigo en la cocina?

A - Siempre que cocines

B - Los días pares

C - Los martes de 4 a 5

Busca la respuesta en la página 10. A.

¿Cuál es el animal que vive más años?

A - La mosca de la fruta

B - La almeja

C - El ornitorrinco

Busca la respuesta en la página 89. B.

¿Con qué nombre francés se conoce a los cocineros?

A - Pompier

B - Chef

C - Pêcheur

Respuesta B

RESULTADO

De 1 a 4 puntos: Pasas poco tiempo en la cocina. Te queda mucho que aprender pero con tiempo y muchas ganas seguro que lo consigues.

De 5 a 8 puntos: Eres un cocinero con experiencia. Te espera un gran futuro como chef; solo tienes que practicar y probar nuevos sabores.

De 8 a 13 puntos: Enhorabuena, eres un cocinero de tres estrellas. No bajes la guardia y recuerda que a todo buen cocinero le quedan todavía muchas cosas por aprender.

MI CARNET DE CHEF

MI INGREDIENTE FAVORITO

....

MI PLATO FAVORITO

....

MI POSTRE FAVORITO

....

PON AQUÍ UNA
FOTO TUYA
COCINANDO

CHEF ....

....

PON AQUÍ LA
FOTO DE TU
MEJOR RECETA

INGREDIENTES

....

....

....

PREPARACIÓN

....

....

....

....

....

ÍNDICE DE RECETAS

PASTA
· Caracolas gratinadas, 96
· Ensalada de pasta, 26
· Pasta con salmón, 138

PASTA BRISA
· Quiche de salmón, 104
· Tartaletas de naranja, 144
· Tarta rústica, 154
· Tarta tatin, 118

PASTA FILO
· Cestitos de pasta filo, 24
· Rollitos de pasta filo, 80

PATATA
· Pastel de patatas, 64
· Pollo asado, 62
· Vichyssoise, 102

PESCADO
· Bacalao gratinado, 126
· Brochetas de atún, 68
· Caracolas gratinadas, 96
· Cestitos de pasta filo, 24
· Empanadillas de atún, 100
· Pasta con salmón, 138
· Quiche de salmón, 104
· Rollitos de pescado, 56
· Sándwich de pescado, 28

PEPINO
· Sándwich de pescado, 28
· Tabulé, 18

PIMIENTO
· Ensalada de arroz, 90
· Pinchos de berenjena, 60

PIÑA
· Brochetas de fruta, 70
· Ensalada de pasta, 26

PIÑONES
· Coca crujiente de azúcar, 142
· Panellets, 112

PIPAS DE GIRASOL
· Crema de zanahoria, 136
· Ensalada de fresas, 66

PLÁTANO
· Beignets de plátano, 36
· Ensalada de frutas, 76
· Plátanos con chocolate, 114

PUERRO
· Arroz al horno, 134
· Pizza, 128
· Vichyssoise, 102

QUESO
· Caracolas gratinadas, 96
· Crema de zanahoria, 136
· Empanadillas de atún, 100
· Empanadillas dulces, 120
· Ensalada de fresas, 66
· Frittata de calabaza, 92
· Libritos de lomo, 98
· Pinchos de berenjena, 60
· Pizza, 128
· Quiche de salmón, 104
· Rollitos de pavo, 140
· Tarta de queso, 34
· Tiramisú, 40

SOBRASADA
· Libritos de lomo, 98

SANDÍA
· Brochetas de fruta, 70

TOMATE
· Bacalao gratinado, 126
· Coca de salchichas, 32
· Empanadillas de atún, 100
· Estofado de ternera, 130
· Pizza, 128
· Salmorejo, 58

TOMATE CHERRY
· Brochetas de atún, 68
· Brochetas de carne picada, 30
· Bruschetta, 54
· Ensalada de arroz, 90
· Tabulé, 18

TOMATE FRITO
· Empanadillas de atún, 100
· Guisantes con chorizo, 20
· Pizza, 128

UVA
· Crumble de manzana, 106

YOGUR
· Brochetas de fruta, 70
· Polos de naranja, 72
· Tarta de queso, 34
· Vaso de yogur, 78

ZANAHORIA
· Crema de zanahoria, 136
· Crepes gratinados, 132
· Ensalada de arroz, 90
· Estofado de ternera, 130
· Rollitos de pescado, 56

¡MUCHAS GRACIAS A LOS PEQUEÑOS GRANDES CHEFS QUE HAN PARTICIPADO EN EL LIBRO!

© EDITORIAL JUVENTUD, S. A., 2014
Provença, 101 - 08029 Barcelona
info@editorialjuventud.es
www.editorialjuventud.es

Estilismo, recetas y fotografía: Marian Montoro
Textos: Cristina Montes
Ilustraciones: Mar Ferrero
Diseño y maquetación: MonMon Books
Cubierta: Mercedes Romero
Localización de fotografías: Leni's Cookies

Primera edición, 2014
DL B 22766-2014
ISBN 978-84-261-4114-9
Núm. de edición de E. J.: 12.896
Printed in Spain
Impuls 45,
Sant Julià, 104-112, Granollers (Barcelona)